幼儿园教育活动框架与设计
（小班）

You'eryuan Jiaoyu Huodong Kuangjia yu Sheji （Xiaoban）

郭华 等 著

高等教育出版社·北京

内容提要

　　本书是北京市"朝阳区幼儿园地方课程研制项目"的研究成果。全书结合《3—6岁儿童学习与发展指南》的精神及要求，研制小班幼儿各领域教育活动课程内容框架，将该指南提出的发展目标转化为课程实施要点；开发教育活动设计模板，并提供了各领域教育活动案例。课程内容框架包括各领域对幼儿发展的价值、目标、课程内容、课程实施的基本原则、课程实施要点等板块；各领域教育活动案例包括活动设计、活动形成说明、活动过程实录、专家评议等内容。

　　本书旨在帮助幼儿园年轻教师自主设计、实施教育活动，自觉促进幼儿的健康发展，帮助幼儿过有意义的生活。可作为幼儿园教师培训用书及工作参考用书。

图书在版编目 （ＣＩＰ）数据

　　幼儿园教育活动框架与设计．小班 / 郭华等著．--
北京：高等教育出版社，2018.4
　　ISBN 978-7-04-049692-5

　　Ⅰ．①幼… Ⅱ．①郭… Ⅲ．①幼儿园－教学活动－教学设计－教材 Ⅳ．①G612

　　中国版本图书馆CIP数据核字(2018)第083670号

策划编辑　肖冬民	责任编辑　肖冬民	封面设计　姜　磊	版式设计　范晓红
插图绘制　黄云燕	责任校对　刘丽娴	责任印制　毛斯璐	

出版发行　高等教育出版社	网　　址　http://www.hep.edu.cn
社　　址　北京市西城区德外大街4号	http://www.hep.com.cn
邮政编码　100120	网上订购　http://www.hepmall.com.cn
印　　刷　北京玥实印刷有限公司	http://www.hepmall.com
开　　本　787 mm×960 mm　1/16	http://www.hepmall.cn
印　　张　12.75	
字　　数　220千字	版　　次　2018 年 5 月第 1 版
购书热线　010-58581118	印　　次　2018 年 5 月第 1 次印刷
咨询电话　400-810-0598	定　　价　30.00 元

本书如有缺页、倒页、脱页等质量问题，请到所购图书销售部门联系调换
版权所有　侵权必究
物 料 号　49692-00

前　言

　　幼儿教育是我国基础教育的重要组成部分,是学校教育和终身教育的开端,是幼儿的习惯养成、智力开发及身心健康发展的重要阶段。《国家中长期教育改革和发展规划纲要(2010—2020 年)》《国务院关于当前发展学前教育的若干意见》《3—6 岁儿童学习与发展指南》等文件的出台,为规范地、科学地、高质量地发展幼儿教育提供了方向和依据。

　　当然,这些指导性文件,还必须落实到幼儿园的每日教育活动中,落实到更具体的课程和教育活动中。

　　幼儿园课程是保证幼儿获得有益的学习经验、促进幼儿身心和谐发展的各种活动的总和,具有基础性、启蒙性、整合性、活动性的特点。可以说,幼儿园课程是帮助幼儿发展的最主要的手段,也是幼儿园教育目的的具体体现。

　　保障幼儿健康发展的前提是提供科学而完善的幼儿园课程。但是,就我国幼儿园的课程实践而言,课程的规范化、科学化还有很长的道路要走,大多数幼儿园课程都多少存在着一些问题。总体来看,当前比较突出的问题,是两个表面看来相互对立但内部却深度勾连的问题。

　　一是幼儿园课程的"小学化"倾向。主要表现在:将幼儿园课程看作服务于未来生活的工具,脱离幼儿当下的生活经验和幼儿真实的内心体验,向幼儿灌输成人认为必须掌握的知识;将幼儿园课程作为小学课程的延伸与复制,实行分科教学,人为割裂幼儿的完整生活;幼儿园课程内容仅仅局限于教师准备的专门的教学活动,轻视幼儿日常生活、游戏中蕴含着的丰富的教育价值;课程内容或失于片面,或失于负荷过重;教学方法刻板单一,枯燥呆板,无视幼儿活泼的天性;课程评价重结果轻过程;师幼关系紧张,教师呵斥幼儿甚至体罚幼儿的现象时有发生,幼儿在幼儿园生活中难以感受到安全、温暖与爱,这对幼儿的身心发展造成难以弥补的负面影响……这些问题都与幼儿园课程"小学化"倾向脱不开干系。

二是幼儿园课程的"平庸化"或"庸俗化"倾向。没有明确的目标、没有清晰的内容,活动过程随意、任性,对活动结果不评价,这种课程状况在幼儿园中主要表现在:频繁变换活动主题,主题之间既无内在联系,也无进阶上的区分与考量,大、中、小班的教育活动无差别。从表面上看,幼儿园活动热闹,却少有自觉教育的意义与价值。

这两种倾向与问题,表面看来对立。"小学化"可以看作是对"平庸化"的反动,"平庸化"也可以看作是对"小学化"的反动。双方互不沟通,不屑一顾于对方。"小学化"标榜自己学习知识、开发智力,"平庸化"标榜让孩子度过愉快的童年。但是,在根本上,这两种倾向的根源是一致的,即:对幼儿、对幼儿的成长规律没有最基本的了解与研究,更没有据此研究、设计一套能够帮助幼儿过有意义生活、获得有价值发展的课程。

要想去除这两种影响幼儿健康发展的不良倾向,就必须深入研究幼儿的成长规律,关注幼儿的活动经验,科学组织幼儿园课程,保证幼儿园小朋友能够在每日生活中获得发展,过上有意义的自觉生活。

北京市朝阳区幼儿教育几乎可以看作中国幼儿教育的典型范例。既有坐落于CBD核心商业区的最优秀的示范幼儿园,也有大量分布在城乡接合部的条件较差的幼儿园,同时,随着二胎政策的实施,大量新建幼儿园如雨后春笋般涌现,大量新教师涌入幼儿园,这些年轻教师既缺乏经验,也无一套可参考的实用操作手册,这种现象极大地影响了幼儿园教育质量。在这种背景下,把优秀示范园的经验进行总结、概括,在课程发展、教师发展等方面总结出一套可复制、可推广的实践模式,来提升幼儿园的总体水平,就成为迫切的任务。在全体幼儿园教师中树立正确的儿童观,明晰幼儿三年的发展目标,构建整合性、生活化的幼儿园课程,将活动作为最主要的课程开展形式,为各个幼儿园自主开发园本课程提供弹性的空间和支持,将有助于保证北京市朝阳区幼儿园课程设置及教育活动的基本水平。

为实现以上目标,北京师范大学教育学部课程与教学研究院的部分教师、朝阳区教育研究中心教研员、朝阳区8所一级一类幼儿园的管理人员及教师组成研究团队,共同开展了"朝阳区幼儿园地方课程研制项目"研究。北京师范大学的郭华教授担任项目首席专家,北京师范大学的陈红兵副教授、杜霞副教授、高潇怡教授和易进副教授以及长春师范大学初等教育学院讲师马凯担任项目专家;朝阳区教育研究中心的教研员张丽萱、黄培老师参与了本项目研究;朝阳区清友实验幼儿园、水碓北里幼儿园、华洋紫竹幼儿园、亚运村第一幼儿园、西坝河第一幼儿园、三里屯幼儿园、劲松第二幼儿园、康泉新城幼儿园的园长、保教主任及部分教师也参与了本项目研究。

经过两年多的调研、参与式研修以及无数次的理论研讨,我们完成了预期的研究目标:形成了调研报告,构建了一套有利于促进幼儿园教师专业发展、能够帮助他们有效设计教育活动的课程体系及教育活动设计模板,并录制了能够体现教育理论与课程设计思想的16节典型示范课。

调研报告

要说明的是,本书给出的课程内容框架及相应的教育活动案例,主要是小班(3~4岁)的内容。为了细化、具体化《3—6岁儿童学习与发展指南》,第二章的"课程内容框架"部分,分五大领域将指标进行细化,同时,在"科学领域"部分,又特别分为"科学探究"和"数学认知"两个部分。

这本书是大学与幼儿园一线教师共同的研究成果。在此,对所有参与本项目研究的专家和教师致以最衷心的感谢!

目　录

第一章
幼儿园课程及实施的主要问题

学前教育作为基础教育的重要组成部分,其重要性不言而喻。我国随着二胎政策的全面实施,幼儿数量快速增长,新建幼儿园逐年增加,新任教师骤增,但幼儿园的办园条件和水平堪忧。就课程与教学而言,大多数幼儿园尤其是新建幼儿园在课程目标、课程内容、课程资源、课程组织与实施、课程评价等方面还存在着相当多的问题。这些问题极大地影响着幼儿园的办园质量,阻碍着幼儿的健康成长。为解决这些问题,就必须规范幼儿园课程,设计有前瞻性的课程内容框架,并帮助教师提升课程实施水平。

我们对朝阳区具有典型意义的8所幼儿园进行了实地调研,以了解朝阳区幼儿园课程实施的现状,发现当前幼儿园课程及教育存在的共通问题。调研发现,以下几个问题是比较典型的。

一、课程目标内容笼统,表述不清

通过分析幼儿园的活动设计文本发现,各个幼儿园的学年目标与《3—6岁儿童学习与发展指南》(以下简称《指南》)、《幼儿园教育指导纲要(试行)》(以下简称《纲要》)规定的各年龄段幼儿应达到的目标基本一致。结合活动设计文本分析与听课的具体情况,我们发现,有些年轻教师已经能够制定较为明确、具体的活动目标,并能在目标中有意识地体现五大领域的融合,如"丛林中的小鸟"活动目标为:"(1)用夸张、装饰的方法表现小鸟的主要特征;(2)探索材料的综合使用方法,尝试运用多种材料装扮小鸟;(3)在故事情境中形成任务意识,在主动选择和完成任务的过程中体验创作游戏的快乐。"该活动目标的内容明确,难度适宜,融入了科学(表现小鸟的主要特征)、艺术(装扮小鸟、探索材料的综合使用方法)、语言(故事情境)、社会(完成任务、体验创作游戏的快乐)等多个领域的内容。

但是,幼儿园的学期目标、月目标则多由学年目标中直接抽取出来,内容不系统,不具体,未能结合本园、本班幼儿的发展特点进行细化,因而难以成为教育活动的指导。教育活动的目标表述不够准确,或失于抽象、笼统,或语言表述混乱,不清晰、不准确,起不到引领活动的目的。例如"有趣的空间"活动目标 1 为"乐于探索空间问题,在探索中体验发现的乐趣",但观察课例发现,该活动的主要内容为幼儿进行动手操作,而非科学探索,活动也未涉及明确的科学探索问题,因此"探索"用在这里不准确。表述不明确、不具体的问题,比比皆是,如:"培养幼儿的观察能力,促进幼儿思维能力的发展。""充分利用多种自然物,运用游戏材料开展多样化的体育活动。""教师引导幼儿对游戏活动进行有针对性的展示与分享。"等等。这种空泛的活动目标在实际活动中难以具体落实,也无法去核验、检查。目标的实施主体不明,有的表述主体为教师,如:"培养幼儿的观察能力,促进幼儿思维能力的发展。"有的则为幼儿,如:"充分利用多种自然物,运用游戏材料开展多样化的体育活动。"

二、课程结构不均衡,课程内容难度随意

调查发现,五大领域各有对应的活动,课程内容基本上能够满足幼儿的发展需求,但还存在课程结构不均衡,课程内容丰富性不强,部分课程内容难度偏高或偏低的问题。

多数幼儿园倾向于选择教育成果容易外化的课程作为特色课程。如:以美术为特色的课程,可以将幼儿的美工作品展示出来,让家长清楚地看到幼儿的学习成果,也便于对教师的工作进行评价和考核。而教育成果较难外化的特色课

程相对较少,如培养幼儿的科学思维,发展幼儿的社会性等方面的课程。部分幼儿园为了凸显特色,在课程设置、活动时长、环境布置、区角材料投放等方面都以特色课程为主,造成课程比例失调,影响幼儿生活体验的全面性,影响幼儿的全面发展。

在课程内容难度方面,调研发现,大多数教师能够结合本班幼儿的年龄特征、学习水平和已有经验,设计难度基本适宜、内容比较丰富的教育活动,基本上能够满足幼儿的活动兴趣与发展需求,如在"萝卜回来了"活动中设计了三次幼儿双脚连续跳的内容,运动强度适宜,较好地锻炼了幼儿的协调性和下肢肌肉力量。

但个别教育活动的难度超出了幼儿现有的发展水平,未能达到应有的教育效果,如前面提及的"逛超市"活动中的按价取物任务,某幼儿园小班数学活动"逛超市",要求孩子首先要了解自己手中的钱币是多少,再通过比较判断物品标价是否小于 5 元钱币,做出选择,这个活动是按价取物,而不是小班应实现的"按数取物"水平,难度偏大,超出了活动目标,至少与表述的活动目标不太一致。再如"小羊过生日"活动目标 1 为"能够跟随音乐完整地演唱歌曲",观察课例发现,该目标对于小班幼儿来说难度过高,如将"演唱"一词改为"哼唱",则更符合实际情况。

三、课程组织不精细,课程实施随意

(一) 个别教育活动内容不适宜,教育活动内容组织的系统性不强

个别教育活动内容与幼儿的生活实际不符,教师在选择教育活动内容时未能充分考虑幼儿的生活经验,如某教师选择的幼儿早期阅读绘本《嘘》中存在不符合常识的内容,如自来水"哗啦啦"声吵醒宝宝等,以这样的内容来引导幼儿行为规范的养成,显得牵强。

某些教育活动内容组织的系统性不强。如某幼儿园虽然设有某领域课程的专任教师,但专任教师对于该领域的教育活动没有形成一套系统、完整的学年、学期计划。例如,每学期选择 8 本绘本对幼儿进行早期阅读教育,但没有规定这 8 本绘本的使用顺序,教师通常根据个人的喜好自行安排,缺乏系统考量。

（二）教育活动形式多样，但幼儿主体性体现得不明显

教师采用多种多样的形式来组织教育活动，如情境创设及教师指导下的幼儿操作、游戏等。如教师在"丛林中的小鸟"活动创设了"拯救小鸟"的任务情境，见图1-1。

图 1-1　在"丛林中的小鸟"活动中创设的"拯救小鸟"任务情境

如在"有趣的空间"活动中幼儿在教师的指导下操作活动材料，见图1-2。

图 1-2　在"有趣的空间"活动中幼儿在教师的指导下操作活动材料

如在"冬天"活动中幼儿与教师共同游戏,见图1-3。

图1-3　在"冬天"活动中幼儿与教师共同游戏

观察发现,在多数教育活动中,教师引导和帮助幼儿自主活动的比例不够高。教师对活动设计文本的依赖程度高,对幼儿即时表现所给予的回应还不够充分。

(三)区角齐全,材料丰富,但区角活动的计划、组织和引导还有待加强

观察发现,各个幼儿园的区角开设齐全,设有科学活动区、建构区、益智区、表演区、美劳区、阅读区等,活动材料投放充分,种类多样,基本上能够满足不同年龄段不同兴趣取向幼儿的活动需求。

区角活动的开展主要以幼儿的自主选择为主,教师辅助幼儿进行活动(图1-4、图1-5)。但是,只有少数教师能够对幼儿的区角活动进行充分的观察记录,多数教师则既没有制订区角活动的整体计划,也没有对幼儿一学期中都进行了哪些区角活动做全面、详细的记录。显然,这样的教师就很难实现对幼儿的引领、帮助。

(四)主题活动被关注,但融合程度不够

多数幼儿园的教育活动都是领域课程和主题活动同时并行的。主题活动通常由教师根据参考书、本班幼儿的兴趣及当下的季节、节日来确定,主题一旦确定,则教室的墙壁布置、区角材料的投放都与主题活动相关。调研结果显示:教

图 1-4　某幼儿园小班在美工区活动

图 1-5　某幼儿园幼儿在拼插区活动

师能够主动将五大领域的内容融入主题活动,但融合程度不够。个别保教主任和教师对于什么是主题活动,如何开展主题活动还有困惑。

分析幼儿园已有的主题活动案例发现,主题内容多是将五个领域的相关内容直接拿来拼凑在一起。如某幼儿园设计"小手真能干"主题活动,各领域的活动内容相对独立,只是都与"手"有关而已,并未有机融合为一个主题系列。见表 1-1。

对于主题活动中到底应该融合哪些内容,如何融合这些内容,不少保教主任和教师也还存在困惑,新入职的年轻教师的困惑更加突出。

表1-1　某幼儿园"小手真能干"主题活动

主题	活动	领域
小手真能干	谁的手谁的脚 （认识不同动物的手脚外形特征）	科学
	小手动起来 （尝试用自己的手做力所能及的事）	社会
	我的小小手 （知道每个手指的名称）	语言
	小手变变变 （尝试用手的不同变化来印花）	艺术
	自己洗手	健康

四、课程资源种类不足

课程资源主要包括教师参考书、幼儿活动材料和幼儿园环境布置。调研发现，幼儿活动材料丰富；幼儿园环境布置与幼儿园特色课程和主题活动密切相关，环境的教育性色彩浓厚。但是，教师使用的主要参考书趋同，种类不丰富，参考书的指导价值不强；教师们普遍提到，真正有指导价值的教师参考书不多。现有教师参考书的内容较为零散，说理性不强，对于具体的教育活动为什么要如此开展，没有充分的解释。于是，教师通常选择从网上收集优秀课例、教学设计来参考，但并不知晓"如此"设计的基本思想。大多数教师认为自己较难把握教育活动内容的科学性和系统性，同时也耗费了大量的时间和精力。

五、幼儿园教师的需求与建议

（一）提供系统、具体、操作性强的课程目标

在课程目标上，希望能够制订更加系统、具体、操作性强的课程目标，同时，希望对教师如何使用课程目标给出配套的指导和建议。

我们想要一个整体的目标框架，起码有现成的学期目标、月目标、周目标。（某幼儿园保教主任）

希望有更具体的课程框架和更详细的学期、月、周目标，把知识点按照幼儿的年龄段明确写出来。（某幼儿园大班教师）

希望课程目标细化,具体到月目标,最好能有一个配套的指导、阐释和建议,例如,写出数学目标中的核心概念。现在教师在制订目标的措辞上总要琢磨。(某幼儿园小班教师)

(二) 提供整合的课程资源

多数教师表示,每次上课前教师们都要到处选择、拼凑、整合课程内容,还要准备相应的教学材料,需要花费大量的时间和精力,因此希望有更加系统、丰富、具体的课程资源和教学材料,提供能够涵盖集体教育活动、区角活动、户外活动和一日生活常规的内容,为教师,特别是年轻教师提供指导和借鉴。

能够给予更多的教学材料,甚至希望能有标准的教材,因为教师在这方面需要付出太多的精力去筛选、整合教学内容。(某幼儿园大班教师)

如果有一套完整系统的课程资源,包括环境创设、材料投放、集体教育活动、户外活动,是非常有价值的。实际操作是比较重要的,课程相关材料配备要齐全。(某幼儿园小班教师)

希望有现成的,直接能用的有关主题的参考书,毕竟园里新老师比较多,如果有现成的书可以让自己先借鉴别人的经验,在教学中就可以模仿、尝试。也希望有更系统的参考书,经过专家研究的指导书籍,这样能提供给我们更丰富、更新颖的教学方式和内容,也有助于教师教育教学能力的提高。(某幼儿园小班教师)

(三) 细化评价指标

在评价方面,部分保教主任建议设计出更加全面、清晰的评价体系及指标。

幼儿园很难自己建立一套评价体系,现有的评价指标比较模糊。希望课程评价体系可以做得更加简洁,指标明晰。(某幼儿园保教主任)

在评价方面,希望设计出从活动维度出发对教师进行评价的具体指标,如对教师教育教学情况的评价指标,指导幼儿区角活动的评价指标,指导幼儿户外活动的评价指标等。(某幼儿园保教主任)

幼儿能否过上有意义的自觉生活,与幼儿园的课程及课程实施质量有着密切的关系。建设课程、完善课程、提升课程实施的质量,成为当前幼儿园的重点工作。

第二章
幼儿园课程内容框架（3~4 岁）

　　调研结果为我们编制幼儿园课程内容框架提供了坚实的实践基础,也使我们更加明确了课程内容框架的重要性及编制的基本思想、基本目的。简单地说,目的有两个方面:(1) 将《指南》高度概括的课程目标具体化为有内在联系的或系列的、每日开展的活动,而这样的每个活动都能指向目标达成,指向幼儿的身心健康发展;(2) 帮助教师尤其是新入职的、经验不充分的教师自信地确定教育活动目标、设计教育活动、选择课程资源、展开教育活动。

　　幼儿园的课程内容框架,分五个领域分别设定,但又相互关联。之所以分领域设计,首先,是与《指南》一致,以它为指导;其次,便于教师理解以下的思想,即:五大领域既是可以展开的教育活动领域,又是幼儿身心发展要达成的目标领域。因此,无论是分领域的教育活动还是主题活动,都必须确定幼儿在这几个领域要有所发展。

　　为使幼儿园教师更好地理解和使用课程内容框架,我们将课程内容框架分为目标、幼儿表现、观察要点、指导要点、教育建议五个维度分别进行深度阐释。以下是对五个维度的基本解释,以帮助幼儿园教师更好地理解与使用。

目标:依据《指南》中3~4岁幼儿在五个领域的发展目标编制,表达对幼儿在3~4岁年龄段末期,应该知道什么、能做什么、达到什么发展水平的合理期望,指明幼儿学习与发展的具体方向。

幼儿表现:即《指南》确定的3~4岁幼儿在五个领域各项目标下的典型表现,幼儿表现即幼儿在该目标下,应具有的基本的、普遍的、重要的、有关键意义的表现。

观察要点:以《指南》中3~4岁幼儿在五个领域各项目标下的典型表现为基本依据,编制幼儿达成该领域目标时应有的行为表现,这些行为表现便是教师对幼儿进行观察的观察要点。

指导要点:以《指南》的教育建议为基础,结合相关研究成果,编制教师需要重点指导的内容,为教师有针对性地开展教育活动提供依据和方向。

教育建议:以《指南》的教育建议为基础,结合相关研究成果,对成人(教师、家长等)开展教育活动提出建议。教师可根据本班幼儿的发展水平与特点加以选择、参考。参考时尤其要关注幼儿学习与发展的整体性,尊重幼儿发展的个体差异,理解幼儿的学习方式与特点,重视幼儿的学习品质。

《指南》是幼儿园制订课程目标及开展教育活动的基本依据,但抽象程度高,不够具体,对于年轻教师来说,指导性不强。因此,通过进一步具体化,细目化,活动化,使之丰满、具体、可检测,从而帮助年轻教师设计、实施并反思自己的教育活动。

以下便是依据《指南》制订的更为具体、细致、可操作的课程内容框架(这里所呈现的是3~4岁的内容)。①

---

① 本章的课程内容框架多处涉及《指南》内容,文中不再一一加注,在此一并说明。

第一节 幼儿园健康领域课程内容框架(3~4 岁)

一、健康领域对幼儿发展的价值

《指南》指出:"幼儿阶段是儿童身体发育和机能发展极为迅速的时期,也是形成安全感和乐观态度的重要阶段。发育良好的身体、愉快的情绪、强健的体质、协调的动作、良好的生活习惯和基本生活能力是幼儿身心健康的重要标志,也是其他领域学习与发展的基础。"

关注和促进幼儿的身体和心理健康是幼儿阶段保育和教育的首要任务。幼儿在健康领域的学习与发展有着较为重要的意义。对个体而言,是幼儿身心发育与健康发展的需要,是实现幼儿全面发展的基础,也是其一生健康生活的良好基础;对社会来说,幼儿健康水平的提高,是全民素质提高的基础,是人类进步与社会发展的基础。

二、健康领域的目标

(一) 健康领域的总目标

1. 身体健康,在集体生活中情绪安定、愉快;

2. 生活、卫生习惯良好,有基本的生活自理能力;

3. 知道必要的安全知识,学习保护自己;

4. 喜欢参加体育活动,动作协调、灵活。

(二) 健康领域的子领域及其目标

《指南》将幼儿健康领域的学习与发展划分为"身心状况""动作发展""生活习惯与生活能力"三个子领域,每个子领域包含幼儿学习与发展的若干目标(表 2-1)。这三个子领域体现了幼儿在健康领域学习与发展的年龄特点,同时也为幼儿园开展保育、教育工作以及卫生保健工作指明了基本的内容和方向。

表 2-1　健康领域学习与发展目标

领域	子领域	目标
健康	身心状况	1. 具有健康的体态
		2. 情绪安定、愉快
		3. 具有一定的适应能力
	动作发展	1. 具有一定的平衡能力,动作协调、灵敏
		2. 具有一定的力量和耐力
		3. 手的动作灵活协调
	生活习惯与生活能力	1. 具有良好的生活与卫生习惯
		2. 具有基本的生活自理能力
		3. 具备基本的安全知识和自我保护能力

三、健康领域的课程内容(3~4岁)

(一) 3~4 岁幼儿健康领域的学习与发展特点

一般而言,在这个阶段的幼儿,身体的各个器官、系统处于迅速发育期,机体组织柔嫩,发育不成熟;机能不够完善,机体易受损伤、易感染疾病;骨骼弹性大、易弯曲变形;肌肉力量和耐力较差;心肺系统的调节功能发育不够完善;平衡、躲闪能力较差,动作不协调,易疲劳。幼儿的身体机能有待通过多种适宜的体育活动获得锻炼和发展。

3~4 岁幼儿大脑皮质易兴奋,注意力易转移,行为容易受情绪的影响。以具体形象思维为主,具有表面性和片面性,认识和理解事物更多地依赖生动、鲜明的形象,模仿是其最主要的学习方式。

3~4 岁幼儿好奇心强,喜欢探索,但生活自理能力较差,又缺乏对危险事物或行为的认识和判断能力,自我保护的意识和能力较弱。

幼儿的生长发育存在较为明显的个体差异,因而学习方式也存在较明显的个体差异。需要教师予以细致的、有针对性的观察和指导。

(二) 3~4 岁幼儿健康领域课程的重点内容

1. 在丰富多样的体育活动中体验体育活动中的愉悦,学习坐、站、走、跑、跳、抛等基本动作技能,初步形成体育运动的兴趣与习惯,逐步发展身体素质。

2. 在与同伴、教师的交往过程中保持安定、愉快的情绪,逐步适应幼儿园的集体生活。

3. 在一日常规活动中模仿、体验、学习,初步形成生活自理能力和良好的生活习惯。

四、健康领域课程实施的基本原则

《指南》指出了幼儿园课程实施中应把握的几个方面,包括重视幼儿学习与发展的整体性,尊重幼儿发展的个体差异,理解幼儿的学习方式与特点和重视幼儿的学习品质等。健康领域的课程实施在尊重上述基本原则的基础上,还要体现不同于其他领域的独特价值与特点。因此,健康领域课程的实施还应关注以下几个原则。

(一) 在日常生活中渗透健康教育

发掘日常活动的健康教育功能和价值,寓教育于一日生活之中。健康领域学习与发展的大部分目标都与幼儿的日常生活密切相关,因此,应在日常的进餐、盥洗、睡眠、运动、游戏等活动中,保证幼儿有反复进行体验、学习和实践的机会。

(二) 给出正确的行为示范

3~4岁幼儿的思维主要是具体形象思维,因而,正确的示范就成为最主要的教育方法。例如,在指导幼儿学习动作技能、抓握简单工具、穿脱衣物时,教师可以通过给出正确行为的示范方式帮助幼儿掌握动作的要领。教师在进行示范时应注意以下四点。[①]

第一,要有明确的目的性。示范前,要明确所要解决的问题,根据教学内容和幼儿的具体情况考虑:示范什么,怎么示范;让幼儿观察什么,怎么观察。

第二,示范要正确,并力求熟练、优美。高质量的示范是幼儿获得正确的动作形象认知的前提。由于幼儿好奇、爱模仿,看了错误示范也会跟着学,因而,教师一般不宜出示错误动作。可以请动作做得好的幼儿示范,帮助幼儿树立学习

---

① 参见:麦少美、孙树珍.学前儿童健康教育活动指导[M].2版.上海:复旦大学出版社,2012:85-86.

的信心。

第三,示范的位置要有利于幼儿的观察,示范的方向(示范面)要根据动作的特点及便于幼儿观察来定。

第四,示范要与讲解相结合。边示范边说明,帮助幼儿观察、模仿。

(三) 开展适合幼儿的丰富多样的体育活动和游戏

幼儿体育活动兴趣的激发、基本动作的发展以及身体素质的提高,主要是在体育运动的过程中实现的。因此,要为幼儿提供尽可能多的身体运动的机会,吸引幼儿参与其中,鼓励、支持幼儿主动练习与体验。游戏是一种综合性活动。在游戏中,幼儿在与同伴的交往中轻松自然,行为动作协调、灵活,情绪体验积极、愉悦,能够体会到规则的重要性,学习遵守简单的游戏规则。因此,游戏也是健康领域课程实施的主要方法之一。

(四) 创设安全的环境,强调安全教育

3~4岁幼儿的安全意识和自我保护能力很弱,因此,创设安全的活动环境,强调安全教育,是健康领域的重要任务和内容。教师在组织和开展各项活动时,首先必须考虑安全因素,保证活动场地和材料的安全,避免对幼儿造成伤害。此外,教师还应注重对幼儿进行安全教育,帮助幼儿体会安全的重要性,引导幼儿了解基本的安全常识,增强幼儿的安全意识和自我保护能力。

五、幼儿园小班健康领域课程实施要点(表2-2)

表2-2　幼儿园小班健康领域课程实施要点

目标	3~4岁幼儿表现	观察要点	指导要点	教育建议
1.具有健康的体态	1. 身高和体重适宜。参考标准: 男孩: 身高:94.9~	1. 幼儿的身高和体重。 2. 幼儿坐在椅子上的坐姿,幼儿静	1. 引导幼儿体会正确坐、站的好处。 2. 引导幼儿学习正确的坐姿和站姿。①	1. 通过情境创设,利用图画书、故事、儿歌等,尤其是在日常生活中,引导幼儿学习正确的坐姿、站姿。 2. 发现幼儿有八字脚、螺

---

① 龙慧,高晓敏.幼儿健康教育[M].北京:北京师范大学出版社,2013:49.

目标	3~4 岁幼儿表现	观察要点	指导要点	教育建议
1. 具有健康的体态	111.7 厘米; 体重:12.7~21.2 公斤。 女孩: 身高:94.1~111.3 厘米; 体重:12.3~21.5 公斤。 2. 在提醒下能自然坐直、站直。	止、行进状态的站姿和体态。	正确的坐姿是:脊背挺直,收腹挺胸,头颈端正,目视前方,手臂自然放在身体前方或两侧,不含胸,不塌腰;不跷二郎腿,不抖动腿和身体。 正确的站姿是:身体不斜靠墙或家具;两腿略分开,呈小八字;身体直立,保持稳定。	旋腿、驼背等骨骼发育异常的情况时,应及时联系幼儿家长,带领幼儿就医矫治。 3. 保证幼儿每天睡 11~12 小时,其中午睡一般应达到 2 小时左右。午睡时间可根据幼儿的年龄、季节的变化和个体差异适当调整。 4. 定期带领幼儿进行健康检查。
2. 情绪安定、愉快	1. 情绪比较稳定,很少因一点小事哭闹不止。 2. 有比较强烈的情绪反应时,能在成人的安抚下逐渐平静下来。	1. 幼儿在园的情绪状态,包括表情、神态、语言、动作等。 2. 幼儿有较强烈的情绪反应时,在教师的安抚下能否恢复平静。	引导幼儿学习初步表达和调节自己情绪的方法: (1) 正确理解触发情绪反应的情境,知道只有合理的需要和目的才能得到满足或达成。 (2) 用语言表达自己的情绪感受,包括积极的情绪和消极的情绪。 (3) 学习适宜的调节情绪的方法,如自我说服、诉说、注意转移、忘却、宽容等。	1. 关注幼儿的情绪变化,及时了解幼儿情绪变化的原因。 2. 营造温馨、轻松的物理和心理环境,如: 保持良好的情绪状态,以积极、愉快的情绪影响幼儿; 利用音乐、有关情绪管理的图画书等方式帮助幼儿获得放松、愉快的情绪体验; 以欣赏的态度对待幼儿; 注意发现幼儿的优点; 接纳他们的个体差异,不简单与同伴做横向比较; 当幼儿做错事时要冷静处理,不用说反话的方式刺激幼儿,不厉声斥责,更不能打骂。 3. 以恰当的方式表达情绪,为幼儿做出榜样,如:

续表

目标	3~4 岁幼儿表现	观察要点	指导要点	教育建议
2. 情绪安定、愉快				生气时不乱发脾气,不迁怒于他人。 4. 和幼儿一起谈论自己高兴或生气的事,鼓励幼儿表达自己的情绪。 5. 允许幼儿表达自己的情绪,并给予适当的引导,如: 当幼儿发脾气时不硬性压制,等其平静后告诉他什么行为是可以接受的。 6. 对于表现出分离焦虑的幼儿予以特别关注与指导,如: 允许幼儿带自己喜欢的玩具来园,以转移其对父母的依恋情感; 教师主动和幼儿交往,引导幼儿表达自己的感受与需要; 与家长共同协商缓解幼儿分离焦虑的方法等。
3. 具有一定的适应能力	1. 能在较热或较冷的户外环境中活动。 2. 换新环境时情绪能较快稳定,睡眠、饮食基本正常。 3. 在帮助下能较快适应集体生活。	1. 幼儿对温度变化的户外活动的适应性,在户外活动中的表现,如面色、汗量、呼吸、动作、注意力、情绪等。 2. 幼儿活	1. 提高幼儿适应户外环境的能力,指导幼儿在较冷或较热的户外环境中适当增减衣物,进行准备活动。 2. 当生活环境变化时,指导幼儿主动表达自己的情绪感受,向教师寻求帮助。	1. 保证幼儿户外活动的时间,创设恰当活动,提高幼儿适应季节变化的能力。 幼儿每天的户外活动时间一般不少于 2 小时,其中体育活动时间不少于 1 小时,季节交替时要坚持。 气温过热或过冷的季节应因地制宜,选择温度适当的时间段开展户外活动,也可根据气温的变化和幼儿的

续表

目标	3~4岁幼儿表现	观察要点	指导要点	教育建议
3. 具有一定的适应能力		动后的食欲、睡眠、精神。 3. 换新环境后,幼儿的生活作息是否有规律。 4. 幼儿在集体活动中情绪是否安定,能否表达自己的意愿,能否与教师和同伴友好相处。	3. 引导幼儿遵守规律的生活作息。 4. 引导幼儿适应集体生活,保持安定、积极的情感。	个体差异,适当减少活动的时间。 2. 经常带幼儿接触不同的人际环境,如: 多和不熟悉的小朋友玩,使幼儿较快适应新的人际关系。
4. 具有一定的平衡能力,动作协调、灵敏	1. 能沿地面直线或在较窄的低矮物体上走一段距离。 2. 能双脚灵活交替上下楼梯。 3. 能身体平稳地双脚连续向前跳。 4. 分散跑时能躲避他人的碰撞。 5. 能双手向上抛球。	1. 幼儿沿地面直线或在较窄的低矮物体上走的长度、身体平衡情况。 2. 幼儿上下楼梯的连贯程度、借助物体情况。 3. 幼儿双脚连续跳的距离、身体平衡情况。 4. 幼儿分散跑的距离、	1. 教师给出正确的动作示范,引导幼儿观察、模仿教师的动作,掌握基本动作要领,主要包括走、跳、跑、抛等。① 走的特点与基本要求:(1) 动作放松、自然,上体保持正直;(2) 有合理而稳定的节奏,步幅适中,步频适度;(3) 两脚落地要轻,脚尖朝向正前方,避免"内八字步"或"外八字步";(4) 两臂适度地	1. 利用多种活动发展身体平衡和协调能力,如: 走低矮的平衡木、沿着地面直线走、玩跳房子等; 经常与幼儿玩拉手转圈、荡秋千、转椅等游戏活动,让幼儿适应轻微的摆动、颠簸、旋转,促进其平衡机能的发展。 2. 不要过多、过细地进行动作讲解,主要通过活动和游戏的方式,引导幼儿在运动的过程中体会动作;同时,避免单纯为掌握动作而进行枯燥、刻板的练习。 3. 通过创设情境,帮助幼

① 走、跑、跳的特点与基本要求参照:庞建萍,柳倩.学前儿童健康教育与活动指导[M].2版.上海:华东师范大学出版社,2014:86-87.

续表

目标	3~4 岁幼儿表现	观察要点	指导要点	教育建议
4. 具有一定的平衡能力，动作协调、灵敏		躲避他人碰撞的情况。 　5. 幼儿双手抛球的力度、目光注视方向。	前后自然摆动;(5) 在集体走步时,学会保持前后适宜的距离。 　走窄道或平衡木的特点与基本要求[1]:(1) 从直立开始,双手叉腰或侧平举,目视前方;(2) 前行时先在矮木上进行,逐渐过渡到高木或平衡木,教师根据幼儿情况逐渐调整平衡木的高度和宽度。 　跳的特点与基本要求:(1) 双脚跳的蹬地动作要有力、快速,落地动作要轻;(2) 落地时为保持身体平衡,可以弯曲下肢关节,还可以顺势向前跨一步或几步等。 　跑的特点与基本要求:(1) 上体正直,稍向前倾;(2) 要有蹬地和腾空的阶段,脚落地时要轻,快跑时会用力蹬地;(3) 两手轻轻握拳,两臂屈肘于体侧前后自然摆动;(4) 分散跑时能主动	儿体会注意安全的重要性;在体育活动中对幼儿进行安全常识教育,如: 　不做危险的动作,避免在体育活动中伤害自己或同伴; 　体育活动的强度要适中等。 　4. 保证运动场地及器材是安全、适宜的,如: 　幼儿运动的场地开阔、平坦,并有一定的弹性; 　幼儿的运动器材牢固、安全,并适合幼儿。

---

① 任绮,高立．学前儿童体育与健康[M]．北京:清华大学出版社,2012:104.

续表

目标	3~4 岁幼儿表现	观察要点	指导要点	教育建议
4. 具有一定的平衡能力,动作协调、灵敏			躲闪他人。 　　抛的特点与基本要求:(1) 在胸部及以上位置用双手在身前托球;(2) 用摆臂抖腕的力量将球向上抛出,还可以借助蹬地、伸臂的动作完成抛的动作。 　　2. 提醒幼儿在进行体育活动时注意观察周围环境,选择安全、适宜的环境进行活动,避免碰撞同伴。	
5. 具有一定的力量和耐力	1. 能双手抓杠悬空吊起 10 秒左右。 　2. 能单手将沙包向前投掷 2 米左右。 　3. 能单脚连续向前跳 2 米左右。 　4. 能快跑 15 米左右。 　5. 能行走 1/公里左右(途中可适当停歇)。	1. 幼儿进行双手抓杠悬空、单手投掷、单脚连续跳、快跑、行走等活动时的行为表现,如面色、汗量、呼吸、动作、注意力、情绪等。 　2. 幼儿活动的时长和距离,如:双手抓杠悬空、单手投掷、单	1. 教师给出正确的动作示范,引导幼儿观察、模仿教师的动作,掌握基本动作的要领,主要包括双手抓杠悬空、单手投掷、单脚连续向前跳、快跑、行走等。 　　双手抓杠悬空的特点与基本要求:(1) 双手向上伸直,与肩同宽;(2) 双脚跳起,两手用力抓握杠,身体自然垂直。 　　单手投掷的特点与基本要求①:(1) 投	1. 利用多种活动和游戏的方式帮助幼儿进行适宜的力量和耐力练习。 　2. 在体育活动中引导幼儿形成体育活动的习惯,如:愿意参加体育活动,在生活中自己上下楼梯、自己背包等。 　3. 不组织长跑、负重跑等耐力性力量训练,防止对幼儿身体各关节的损伤。 　4. 不要过多、过细地进行动作讲解,主要通过活动和游戏的方式,引导幼儿在运动的过程中体会动作;同时,避免单纯为掌握动作而进行

---

① 任绮,高立．学前儿童体育与健康 [M]．北京:清华大学出版社,2012: 97–98.

续表

目标	3~4 岁幼儿表现	观察要点	指导要点	教育建议
5. 具有一定的力量和耐力		脚连续向前跳、快跑、行走等。 　3. 幼儿活动后的食欲、睡眠、精神。	掷动作包括蹬腿、转体、挺胸、转肩、挥臂、甩腕等用力顺序;(2)引导幼儿借助上肢力量、腰腹力量和下肢蹬伸,使身体各部分力量充分发挥出来,在上肢用力时,身体要有支撑作用;(3)出手前投掷臂伸直后引并上体侧转,向后倾斜身体幅度加大有利于提高出手的速度,配合瞄准的方向进行投掷。 　单脚连续向前跳的特点与基本要求:(1) 起跳时,左(右)腿屈膝提起;(2) 右(左)腿以前脚掌用力跳出,落地时前脚掌着地;(3) 两手轻轻握拳,两臂屈肘于体侧前后自然摆动。 　快跑和行走的特点与基本要求见上文。 　2. 鼓励幼儿在活动中坚持下来,不怕累。	枯燥、刻板的练习。 　5. 通过创设情境帮助幼儿认识注意安全的重要性;在体育活动中对幼儿进行安全常识教育,如: 　不做危险的动作,避免在体育活动中伤害自己或同伴; 　体育活动的强度要适中。 　6. 保证运动场地及器材是安全、适宜的,如: 　幼儿运动场地开阔、平坦,并有一定的弹性; 　幼儿运动器材牢固、安全,适合幼儿。
6. 手的动作灵活协调	1. 能用笔涂涂画画。 　2. 能熟练地用勺子吃饭。	1. 幼儿握笔的动作。 　2. 幼儿握勺子的动作。	1. 为幼儿示范握笔、拿勺子的正确姿势和动作以及使用剪刀等简单工具的	1. 创造条件和机会,促进幼儿手的动作灵活协调,如: 　提供画笔、剪刀、纸张、泥团等工具和材料,或充分利

续表

目标	3~4岁幼儿表现	观察要点	指导要点	教育建议
6. 手的动作灵活协调	3. 能用剪刀沿直线剪,边线基本吻合。	3. 幼儿握剪刀的动作。	方法。 2. 引导幼儿在使用简单工具时注意安全。	用各种自然、废旧材料和常见物品,让幼儿进行画、剪、折、粘等美工活动; 引导幼儿生活自理或参与家务劳动,发展其手的动作,练习自己用勺子吃饭、扣扣子,帮助家人择菜叶等。 2. 引导幼儿注意活动安全。如: 为幼儿提供的塑料粒、珠子等活动材料要足够大,材质要安全,以免造成异物进入气管、铅中毒等伤害; 为幼儿提供安全剪刀; 提醒幼儿不要拿剪刀等锋利玩具玩耍,用完放回原处。
7. 具有良好的生活与卫生习惯	1. 在提醒下,按时睡觉和起床,并能坚持午睡。 2. 喜欢参加体育活动。 3. 在引导下,不偏食、挑食。喜欢吃瓜果、蔬菜等新鲜食品。 4. 愿意饮用白开水,不贪喝饮料。 5. 不用脏手揉眼睛,连续看电视等不超过	1. 幼儿入睡和起床的时间,每周在园午睡的次数。 2. 幼儿的进餐情况,包括使用餐具的动作,饮食的时长、数量、剩饭情况。 3. 幼儿饮用白开水的频率和饮用量。 4. 幼儿擦	1. 引导幼儿有规律作息,坚持午睡,独立安静入睡,不玩玩具;睡眠姿势正确,不蒙头睡觉;睡前刷牙、洗脸、上厕所;睡前把衣服和鞋袜放在固定的地方。 2. 引导幼儿体会均衡饮食的好处、食物的营养价值,知道不偏食、挑食,多吃新鲜的瓜果、蔬菜。 3. 引导幼儿学习基本的进餐技能,愿意独立进餐,能自己使用勺子等餐具进	1. 合理安排幼儿的一日生活;尊重幼儿的个体差异,对于尚不能有规律作息的幼儿进行耐心引导。 2. 通过情境创设,利用儿歌、动画片、故事、游戏等形式,帮助幼儿养成良好的饮食习惯和卫生习惯。 3. 激发幼儿参加体育活动的兴趣,养成锻炼的习惯,引导幼儿体会参与体育活动的乐趣。如: 为幼儿准备多种体育活动材料,鼓励他选择自己喜欢的材料开展活动; 经常和幼儿一起在户外运动和游戏,鼓励幼儿和同伴

目标	3~4 岁幼儿表现	观察要点	指导要点	教育建议
7. 具有良好的生活与卫生习惯	15 分钟。 6. 在提醒下,每天早晚刷牙、饭前便后洗手。	揉眼的情况,连续看电视及其他电子产品的时间。 5. 检查幼儿早晚是否刷牙、手的洁净程度。 6. 幼儿参加体育活动的情绪状态和意愿。	餐;吃饭、喝水时要一口一口地吃、喝,不要太急,不要说笑,以免食物和水呛入气管;要将食物充分咀嚼,以利于食物的消化和吸收;吃饭时间在 30 分钟内为宜,不要时间太长或太短;不暴饮暴食;剧烈活动后不宜立即吃饭、喝水;不喝生水和不清洁的水;饭前洗手;等等。 4. 引导幼儿注意用眼卫生,不用脏手揉眼睛,异物入眼睛后不揉搓,不用别人的毛巾洗脸;看电子屏幕如电视、电脑、iPad 等距离远近适宜,连续看的时间不超过 15 分钟。 5. 引导幼儿学习饭前便后要洗手;手、脸脏了随时洗;饭后漱口、擦嘴;定时大小便。 6. 鼓励幼儿每天参加体育活动。	一起开展体育活动。
8. 具有基本的生活自理能力	1. 在帮助下能穿脱衣服或鞋袜。 2. 能将玩具	1. 幼儿穿、脱、叠、放衣服或鞋袜的动作。	1. 鼓励幼儿自己穿脱衣服和鞋袜,帮助幼儿学习穿脱衣服或鞋袜的方法。	1. 提供有利于幼儿生活自理的条件。如: 提供纸箱、盒子,供幼儿收拾和存放自己的玩具、图书

续表

目标	3~4 岁幼儿表现	观察要点	指导要点	教育建议
8. 具有基本的生活自理能力	和图书放回原处。	2. 幼儿使用过后,玩具和图书的放回情况。	2. 引导幼儿根据气温变化和活动量大小增减衣服。 3. 引导幼儿将使用过的玩具和图书放回原处。	或生活用品等。 　2. 鼓励幼儿做力所能及的事情,对幼儿的尝试与努力给予肯定,不因做不好或做得慢而包办代替。 　3. 通过情境创设,利用儿歌、动画片、故事等多种形式帮助幼儿掌握基本的生活自理能力。
9. 具备基本的安全知识和自我保护能力	1. 不吃陌生人给的东西,不跟陌生人走。 　2. 在提醒下能注意安全,不做危险的事。 　3. 在公共场所走失时,能向警察或有关人员说出自己和家长的名字、电话号码等简单信息。	1. 幼儿在日常生活和模拟情境中的行为表现。 　2. 在提醒下,幼儿能否体会到做危险事情带来的后果。 　3. 在模拟情境中,幼儿寻求警察帮助的情况,向其表述自己和家长的名字、电话号码等简单信息的情况。 　4. 在日常生活或模拟情境中,幼儿在遇到困难或危险时向教师、同伴、	1. 引导幼儿学习基本的安全常识。包括: 　外出时,提醒幼儿要紧跟成人,不远离成人的视线,不跟陌生人走,不吃陌生人给的东西;不在河边和马路边玩耍;要遵守交通规则;等等。 　帮助幼儿了解周围环境中不安全的事物,不做危险的事,包括不动热水壶,不玩火柴或打火机,不摸电源插座,不攀爬窗户或阳台,不在楼梯上推搡打闹,不吞咽体积较小的物品,不喝不明液体等。 　引导幼儿认识常见的安全标识,包括小心触电、小心有毒、禁止下河游泳、紧急出	1. 创设安全的生活环境,提供必要的保护措施。如: 　把热水瓶、药品、火柴、刀具等物品放到幼儿够不到的地方; 　阳台或窗台要有安全保护措施; 　使用安全的电源插座; 　在公共场所要注意照看好幼儿; 　幼儿乘车、乘电梯时要有成人陪伴; 　不把幼儿单独留在教室或室外等。 　2. 创设模拟情境,帮助幼儿学习在遇到困难时向教师、同伴、警察等人求助的基本技能。 　3. 利用图书、音像等材料对幼儿进行逃生和求救方面的教育,并运用游戏方式模拟练习。 　定期组织火灾、地震等自然灾害的逃生演习。

续表

目标	3~4 岁幼儿表现	观察要点	指导要点	教育建议
9. 具备基本的安全知识和自我保护能力		警察寻求帮助的情况。	口等。 　告诉幼儿不允许别人触摸自己的隐私部位。 　2. 引导幼儿学习简单的自救和求救的方法。包括： 　记住自己家庭的住址、电话号码、父母的姓名和单位,一旦走失时知道向成人求助,并能提供必要的信息; 　遇到紧急情况时,知道要拨打 110、120、119 等相应的求救电话。	

六、主要参考资料

本内容框架以《指南》为主要依据,同时,在大量参考相关研究成果的基础上对《指南》内容进行细化而形成。主要参考书目有:

[1] 张慧和,顾荣芳. 健康(小班)[M]. 南京:南京师范大学出版社,1996.

[2] 任绮,高立. 学前儿童体育与健康[M]. 北京:清华大学出版社,2012.

[3] 麦少美,孙树珍. 学前儿童健康教育活动指导[M]. 2 版. 上海:复旦大学出版社,2012.

[4] 龙明慧,高晓敏. 幼儿健康教育[M]. 北京:北京师范大学出版社,2013.

[5] 杭梅. 幼儿健康教育与活动指导[M]. 2 版. 北京:北京师范大学出版社,2014.

[6] 庞建萍,柳倩. 学前儿童健康教育与活动指导[M]. 2 版. 上海:华东师范大学出版社,2014.

第二节　幼儿园语言领域课程内容框架(3~4 岁)

一、语言领域对幼儿发展的价值

语言是人类社会特有的一种现象,是交流和思维的工具。《指南》指出:"幼儿期是语言发展,特别是口语发展的重要时期。幼儿语言的发展贯穿于各个领域,也对其他领域的学习与发展有着重要的影响:幼儿在运用语言进行交流的同时,也在发展着人际交往能力、理解他人和判断交往情境的能力、组织自己思想的能力。通过语言获取信息,幼儿的学习逐步超越个体的直接感知。"语言学习和发展对幼儿生命的健康成长和身心的全面发展,有着非常重要的意义和价值。

二、语言领域的目标

(一) 语言领域的总目标

1. 乐意与人交谈,使用恰当的礼貌用语;
2. 注意倾听对方讲话,能听懂常用语言;
3. 能清楚地说出自己想说的事;
4. 喜欢听故事、看图书;
5. 能听懂和会说普通话。

(二) 语言领域的子领域及其目标

《指南》将幼儿语言领域的学习与发展划分为"倾听与表达"和"阅读与书写准备"两个子领域,每个子领域包含幼儿学习与发展的若干目标(表 2-3)。这两个子领域的建构比较充分地体现了幼儿在语言领域学习与发展的年龄特点,同时也为幼儿园开展语言教育工作指明了基本的内容和方向。

表2-3　语言领域学习与发展目标

领域	子领域	目标	性质
语言	倾听与表达	1. 认真听并能听懂常用语言	内隐
		2. 愿意讲话并能清楚地表达	外显
		3. 具有文明的语言习惯	
	阅读与书写准备	1. 喜欢听故事,看图书	内隐
		2. 具有初步的阅读理解能力	
		3. 具有书面表达的愿望和初步技能	外显

三、语言领域的课程内容(3~4岁)

(一) 3~4 岁幼儿语言领域的学习与发展特点

3~4 岁是幼儿语言发展的关键期。这时,幼儿语言发展已具备以下特点:能听懂日常生活用语;能够运用简单句向别人表达自己的想法和要求;喜欢听成人重复念儿歌和故事,能够完全理解其中的简单句。但是,由于这个年龄段的幼儿注意力容易分散,自制力比较弱,神经系统发育还不完善,发音器官和听觉器官的调节、控制能力相对较差,幼儿表现出以下特点:缺乏倾听别人说话的耐心,在听的过程中会出现做小动作、东张西望的表现;有些发音不够准确和清晰,说出的语句不够完整,有时出现时断时续的现象;对词义的理解比较表面化和具体化,对一些复杂句还不能正确理解。

(二) 3~4 岁幼儿语言领域课程的重点内容

1. 帮助引导幼儿在安静倾听、认真回应中,逐步养成倾听的习惯和能力,能听懂日常会话并做出适宜的、有礼貌的回应。

2. 在实际感受和参与真实语言情境的过程中,逐步培养起在集体中讲话的胆量和意愿,能正确、清晰地发音,并在一定身体语言的配合下表达自己的意愿和想法。

3. 在聆听故事、阅读图画书的活动中,逐步培养起阅读的兴趣和意愿,养成经常听故事和翻阅图书的习惯,能对故事和图画的基本内容有初步的理解。

4. 在运用涂鸦等方式进行表达的活动中,逐步培养起对书面语言的敏感,获得对文字的视觉感知和辨别能力。

四、语言领域课程实施的基本原则

幼儿语言的发展贯穿于各个领域,也对其他领域的学习与发展有着重要的影响,在课程的具体实施中应注意以下几个方面。

(一) 抓住阅读关键期,培养幼儿早期阅读的兴趣与意识

研究显示,3~8 岁是阅读能力形成的关键期,因此要抓住这一关键期使幼儿获得基本的阅读能力。在 3~4 岁阶段,要使幼儿认识符号、声音与意义间的关系,培养幼儿对待书本的正确态度,以及运用语言讲述所见所闻的能力,帮助幼儿产生阅读的兴趣和意识。需要注意的是,不能把"早期阅读"等同于"早期识字",避免机械地让幼儿书写或识字、背诵。

(二) 通过情境性语言教育活动,帮助幼儿在实际运用中学习语言

语言领域和其他领域存在着互相依存、互相渗透的关系,因而需要把语言教育的目标渗透到使用语言的所有场合,并创造有序、系统的语言情境,使幼儿能够在活动过程中、在对现象的观察中以及在与周围人的交往中积累听说经验、增长词汇量、形成表达的逻辑性和连贯性。

需要注意的是,情境性活动的设计,应立足语言教育,在活动的内容和形式等方面要以幼儿语言学习为目的,不能把活动搞成语言、音乐、美术的大拼盘。

(三) 通过规范的语言示范,引导幼儿在模仿中学习语言

教师的语言示范对于幼儿语言的发展有着重要作用。在进行语言示范时,教师要口齿清晰,吐字准确,让幼儿在听懂、听清的基础上,准确地模仿;教师要准确使用词汇,避免出现搭配不当、语句不通等语病,使词的意义得到准确、清晰的表达,从而帮助幼儿理解词的含义,明白其适用范围;此外,教师还要运用适宜的语音、语调、表情并辅以适当的肢体动作,帮助幼儿理解教师讲话的内容,使幼儿在自己的语言实践中模仿学习教师规范的语言示范。

(四)通过有效的家园联合,为幼儿语言的发展提供支持性环境

入园时幼儿语言的水平、发展速度等都存在着差异。因此,要关注幼儿的个别需要,为幼儿语言的发展创设积极的支持性环境。一方面,教师在日常活动中要注意观察幼儿的语言,调整自己的教育计划,或在活动中根据幼儿的具体情况做出用词、语速和语调的调整;另一方面教师要经常和家长交流幼儿的情况,为家长提出相应建议,使幼儿在家庭生活中所接触到的语言环境对其语言的发展能起到促进作用。

五、幼儿园小班语言领域课程实施要点(表2-4)

表2-4　幼儿园小班语言领域课程实施要点

目标	3~4岁幼儿表现	观察要点	指导要点	教育建议
1. 认真听并能听懂常用语言	1. 别人对自己说话时能注意听并做出回应。 2. 能听懂日常会话。	1. 幼儿在与教师、同伴交流或集体活动中,是否能有意识倾听,特别是当谈话内容引起其兴趣时,是否能集中注意力仔细倾听。 2. 幼儿在倾听中是否用相应的表情、动作来表达对谈话内容的理解和回应。	1. 提醒幼儿在别人讲话时安静,集中注意力倾听,并等别人把话讲完后再说话。 2. 帮助幼儿在主动、积极地倾听中感知、接受别人谈话的信息,指导幼儿对听到的话做出相应的反应,以使谈话继续下去。	1. 经常和幼儿交谈,多给幼儿提供倾听和交谈的机会,引导幼儿养成倾听的习惯。比如:当幼儿表达意愿时,成人可蹲下来,眼睛平视幼儿,耐心听他把话说完,并以目光、动作或语言对幼儿讲的内容做出回应,为幼儿做出倾听的表率;在给幼儿布置任务时,用儿歌、动作等情境引入的方式提醒幼儿注意倾听,并且说明交流中要等对方讲话结束后再表达。 2. 与幼儿交谈时要用幼儿听得懂的语言,结合情境使用丰富的语言(注意语气、语调和表示因果、假设的关联词)帮助幼儿听懂日常会话。
2. 愿意讲话并能清楚地表达	1. 愿意在熟悉的人面前说话,能大方地与人打招呼。	1. 幼儿在集体场合讲话时的表现,如仪态是否	1. 为幼儿创造说话的机会并使其体验语言交往的乐趣。 2. 认真倾听幼儿	1. 每天有足够的时间与幼儿交谈,组织有计划的、专门的、可引起幼儿兴趣的谈话。比如以"我的妈妈"为

续表

目标	3~4 岁幼儿表现	观察要点	指导要点	教育建议
2. 愿意讲话并能清楚地表达	2. 基本会说本民族或本地区的语言。 3. 愿意表达自己的需要和想法,必要时能配以手势动作。 4. 能口齿清楚地说儿歌、童谣或复述简短的故事。	自然大方;是否勇于在众人面前说出自己的感受,乐于分享自己的想法;讲话时声音大小是否适中,语调是否正常;等等。 2. 幼儿在集体活动中是否使用普通话。 3. 幼儿能否在表情、手势及其动作的配合下表达自己的意愿和想法。 4. 幼儿能否发准一些有难度的语音,在倾听熟悉的童谣、故事和歌曲时,能否跟唱或重复语句。	讲话并给予积极的回应和帮助。 3. 培养幼儿的语音意识,帮助其正确发音。 4. 注意在教学活动和日常生活中扩充幼儿的词汇量,促进其表达能力的提高。	主题进行谈话,就可用以下几种方式:通过提问激发幼儿的谈话兴趣,如"今天请小朋友来说说你的妈妈长得什么样,她在家里都做什么事情";鼓励幼儿与同伴围绕"我的妈妈"交谈,还可以请个别幼儿在集体场合介绍自己的妈妈,在幼儿讲述完之后,可对幼儿的话给予肯定,并加以适当的归纳、总结,帮助幼儿理清思路,感受说话的逻辑。 2. 在和幼儿讲话时,教师自身的语言要清楚、简洁,配合适当的手势、表情、姿势以及语调,给幼儿做出示范,持方言的教师在工作中应使用普通话交流。 3. 鼓励幼儿用语言或非语言方式(如动作、表情)清楚表达自己的需要和想法,尊重和接纳幼儿的说话方式。当幼儿因为急于表达而说不清楚的时候,提醒他不要着急,慢慢说;同时要耐心倾听,给予必要的补充,帮助他理清思路并清晰地说出来。 4. 在教育活动中创设多种情境,如故事剧、角色扮演等,使幼儿接触更多的词汇,让幼儿在具体语言情境中扩充词汇量,初步感知特定

目标	3~4岁幼儿表现	观察要点	指导要点	教育建议
2. 愿意讲话并能清楚地表达				语词的使用范围。 　5. 运用韵律感强的童谣、诗歌,或传统蒙学读物,使幼儿在跟读中培养对语音的敏感,促进其发音清晰、正确。
3. 具有文明的语言习惯	1. 与别人讲话时知道眼睛要看着对方。 　2. 说话自然,声音大小适中。 　3. 能在成人的提醒下使用恰当的礼貌用语。	1. 幼儿在交谈时是否注意力集中,眼睛能否正视对方。 　2. 幼儿讲话能否做到大方而不扭捏,声音大小及语调正常。 　3. 幼儿讲话时是否使用礼貌用语,有无脏话、粗话行为。	1. 结合情境帮助幼儿了解一些必要的沟通交际礼节和基本的礼貌用语。 　2. 提醒幼儿注意公共场所语言交际方面的得体和文明。	1. 帮助幼儿养成良好的语言行为习惯:提醒幼儿在交谈中不东张西望,而是目光正视对方;通过说明不同情境下的声音大小差异,使幼儿清楚"声音大小适中"是怎样的,同时在日常活动中注意提醒幼儿调整声音的大小。 　2. 教师应注意语言得体、文明,为幼儿做出表率,同时结合生活经验和情境故事引导幼儿在与他人交谈时,认真倾听,使用礼貌用语;在公共场合不喧哗,不说脏话、粗话等。
4. 喜欢听故事,看图书	1. 主动要求成人讲故事、读图书。 　2. 喜欢跟读韵律感强的儿歌、童谣。 　3. 爱护图书,不乱撕、乱扔。	1. 幼儿是否主动表达听故事、读图书的意愿和要求。 　2. 能否跟读或重复韵律感强的儿歌、童谣。 　3. 幼儿是否能妥善使用和保管自己的和公共	1. 为幼儿创造良好的阅读环境,提供优质的幼儿读物,激发幼儿的阅读兴趣。 　2. 在教育活动中选择韵律较强的儿歌、童谣。 　3. 给予必要的图书阅览方法及规则的指导,引导幼儿爱护图书。	1. 为幼儿提供一定数量、符合幼儿年龄特点、富有童趣的图画书,并为幼儿提供相对安静的阅读区角,尽量减少干扰,保证幼儿自主阅读。 　2. 教师在游戏和日常活动中也可以有意识地引入一些韵律较强、贴近生活的儿歌、童谣,比如在做手指游戏时,就可以配合手指歌谣,如:"一只小狗汪汪叫(竖起大拇指,做小狗的耳朵)/两

续表

目标	3~4 岁幼儿表现	观察要点	指导要点	教育建议
4. 喜欢听故事,看图书		的图书。		只小兔跳跳跳(竖起食指和中指做小兔的耳朵)/三只孔雀真骄傲(用大拇指和食指做孔雀的嘴)/四只小鸟飞得高(用四指做小鸟的翅膀)……"在潜移默化中培养幼儿对语言的感觉。 3. 引导幼儿认识图书,通过对封面、扉页、作者等相关信息的介绍,帮助幼儿形成对书的构成的初步认知。 4. 教给幼儿一页一页翻看图书的方法,提醒幼儿保持图书的完整和清洁,取放时要小心,看完图书后要及时归位等。
5. 具有初步的阅读理解能力	1. 能听懂短小的儿歌或故事。 2. 会看画面,能根据画面说出图中有什么,发生了什么事等。 3. 能理解图书上的文字是和画面对应的,是用来表达画面意义的。	1. 幼儿对感兴趣的故事内容是否有表情、动作和语言上的反应。 2. 幼儿能否仔细观察单幅图画并理解其内容,如主要人物、事件等;能否跟随画面内容用适当的语音、语调讲述故事,并有一定的连	1. 帮助幼儿基于自身经验理解儿歌、故事、图画书。 2. 结合图画运用适当的提问引导幼儿对文本内容进行预测和猜想,帮助幼儿梳理内容和情节。 3. 利用图画书和故事书教学时,帮助幼儿在讲述的内容与图画间建立对应关系。	1. 选择适合幼儿认知水平和生活经验的、蕴含丰富生活情境的图画书和故事,以便幼儿将故事内容与已有生活经验相联系。 2. 在给幼儿读书时,教师要运用适宜的表情、动作和语音、语调,或采用角色扮演等多种表现方式来传达文本的内容和情绪情感,帮助幼儿加深对相关内容的理解和体会。 3. 和幼儿一起针对阅读的内容进行交流,在潜移默化中对幼儿进行阅读策略的引导。比如在看一幅图画时可以问:"我们看到了什么

续表

目标	3~4 岁幼儿表现	观察要点	指导要点	教育建议
5. 具有初步的阅读理解能力		贯性。 　3. 幼儿是否理解图书上的文字、图画以及与教师所讲述的故事间的对应关系;能否在仔细观察单幅图画后,根据画面说出图中有什么,发生了什么事;等等。		呢? ""我们从画面中看到一只大象和一只兔子。""他们在做什么呢? ""噢,大象和兔子在打羽毛球。""他们在哪里打羽毛球呢? "……在这样的一问一答中,让幼儿将自己阅读时的观察方法、疑问、猜想用语言表达出来,以此渗透阅读的方法和策略,帮助幼儿产生根据图画猜想故事的意识。 　4. 引导幼儿关注图画中的细节和有意味的表现方式等,并与故事内容相联系。在阅读图画书前可引导幼儿根据封面、扉页等猜测文本内容;在通读完一本书之后,和幼儿一起讨论书中的内容,比如借助故事中人物的图片或用图解故事等方式,向幼儿提问故事里的人物遇到了什么问题,先怎么样,后来又怎样,最后是怎样的,使幼儿大致把握故事的结构性信息,形成对故事的初步理解。 　5. 在利用图画书讲述故事时,教师可运用幻灯或手持特制的大书,保证全部幼儿都能看到。在讲到图画中的相关信息如人物、物体时,要用手指出来,并适当重复。

续表

目标	3~4岁幼儿表现	观察要点	指导要点	教育建议
6. 具有书面表达的愿望和初步技能	喜欢用涂涂画画表达一定的意思。	1. 幼儿是否初步了解口头语言与书面语言(文字)的对应关系,是否对文字符号产生初步兴趣,明白其具有表达和交流的功能。 2. 幼儿在绘画时是否会赋予某些符号或痕迹以意义,并将此作为记录和交流的手段。 3. 幼儿是否愿意用油画棒、水彩笔等进行涂涂画画。	1. 激发幼儿学习并欣赏符号(文字、标识等)的动机,帮助幼儿明白符号能够传达意义。 2. 培养幼儿对书面语言(文字)的敏感,结合生活实际体会文字的用途。 3. 培养幼儿手眼协调的能力和用笔的初步操作技巧。	1. 提示幼儿关注日常生活中的各种示意标志、警示和广告牌,比如告诉幼儿"绿灯亮了才可以过马路"时听到消防车的声音时告诉幼儿"这是消防车的声音,说明有地方着火了,消防员要赶去救火"等,通过这种方式帮助其积累符号经验。 2. 通过实际生活中鲜活的文本素材(如玩具说明书、菜单、超市购物宣传单等),引导幼儿感知文字符号的用途及多样性。 3. 鼓励幼儿将自己感兴趣的事情或故事画下来并讲给别人听,让幼儿体会涂涂画画的方式可以表达相应的想法和情感;把幼儿讲过的事情用文字记录下来,并念给他听,使幼儿知道说的话可以用符号记录下来,从中体会符号的用途。 4. 在日常生活中做出读写的榜样,为幼儿准备供其随时取放的纸、笔等材料,也可利用沙地、树枝等自然材料,满足幼儿自由涂画的需要,使幼儿拥有丰富的、非强迫性的读写环境。同时,通过把用虚线画出的图形轮廓连成实线等游戏,促使幼儿手眼协调,并教给幼儿基本的写、画姿势。

六、主要参考资料

本内容框架以《指南》为主要依据,同时,在大量参考相关研究成果的基础上对《指南》内容进行细化而形成。主要参考书目有:

［1］赵寄石,楼必生.学前儿童语言教育［M］.北京:人民教育出版社,2003.

［2］周兢,余有珍.幼儿园语言教育［M］.北京:人民教育出版社,2004.

［3］奕阳教育研究院.早期阅读课程建设与综合性语言教学实践探索［M］.北京:北京联合出版公司,2012.

［4］夏燕勤,邹群霞.学前幼儿语言教育［M］.北京:高等教育出版社,2013.

［5］凯瑟琳·斯诺,苏珊·布恩斯,佩格·格里芬.预防阅读困难:早期阅读教育策略［M］.胡美华,潘浩,张凤,译.南京:南京师范大学出版社,2006.

［6］张云香,陈博.幼儿教师语言技能训练［M］.长春:吉林大学出版社,2013.

第三节　幼儿园社会领域课程内容框架(3~4岁)

一、社会领域对幼儿发展的价值

《指南》提出:"幼儿社会领域的学习与发展过程是其社会性不断完善并奠定健全人格基础的过程。"社会领域的核心价值在于引导幼儿学会共同生活,形成和谐的社会关系,促进其"社会性不断完善并奠定健全人格"。

幼儿阶段是社会性发展的重要时期。在这个时期,幼儿开始学习如何看待自己、对待别人,开始学习如何与人友好相处;开始认识周围的社会环境,内化社会行为规范;对所在群体及其文化有了最初的认同感和归属感,开始发展适应社会生活的能力。幼儿阶段的社会性发展对个人将来能否积极地适应各种社会环境,有着决定性的作用。

二、社会领域的目标

(一) 社会领域的总目标

幼儿园社会领域学习与发展的总目标在于帮助幼儿实现社会化,并在社会化的过程中使幼儿逐渐形成良好的社会性和个性。

(二) 社会领域的子领域及其目标

《指南》将幼儿社会领域的学习与发展分为"人际交往"与"社会适应"两个子领域(表2-5)。

表2-5　社会领域学习与发展目标

领域	子领域	目标
社会	人际交往	1. 愿意与人交往
		2. 能与同伴友好交往
		3. 具有自尊、自信、自主的表现
		4. 关心、尊重他人
	社会适应	1. 喜欢并适应群体生活
		2. 遵守基本的行为规范
		3. 具有初步的归属感

三、社会领域的课程内容(3~4岁)

(一) 3~4岁幼儿社会领域的学习与发展特点

3~4岁幼儿喜欢与人交往,有了与其他小朋友一起活动的愿望;对父母有着强烈的情感依赖,对经常接触的人也能形成亲近的情感。这个阶段的幼儿需要在温馨的集体环境中,在与教师和同伴的交往中,感受被接纳、被关爱、被尊重的积极体验。

这个阶段的幼儿对社会规则、行为规范开始有了最初步的认识,能做最直接、简单的道德判断;自我意识开始出现,能区分"你""我""他",但还不能区分自己和他人的需求;情感、行为的冲动性强,自制力差,往往不能与人友好合作,常发生纠纷,需要成人的帮助和指导。

模仿是幼儿开展社会学习的重要方式。幼儿社会性的发展是在社会环境的影响下,在与周围人的交往过程中逐步实现的。幼儿需要经过大量的实践去体验、内化,才能真正形成社会认知和社会性行为。

(二) 3~4岁幼儿社会领域课程的重点内容

1. 在观察、模仿中丰富与他人交往的体验,感受与他人交往的乐趣;初步形成对待他人的基本态度,并学习与他人交往的基本技能和基本行为规范。

2. 在与教师和同伴交往中感受被接纳、被关爱、被尊重,对自尊、自信、自主有初步体验。

3. 在幼儿园的集体活动中,熟悉集体生活环境,认识集体中的教师与同伴,初步了解他们与自己的关系,体验并感知遵守规则的重要性,并能遵守基本的行为规范。

四、社会领域课程实施的基本原则

社会领域课程实施的基本原则同其他领域是一致的,但由于社会领域的教育内容、教育任务的特殊性,社会领域的教育与其他领域的教育既相互联系又相对独立,有其独特的规律。社会领域课程实施还应遵循以下基本原则。

(一) 生活性原则

社会性发展是融合在幼儿整个生活之中的。首先,幼儿的社会性主要是幼儿在日常生活和游戏中,通过观察和模仿逐渐发展起来的,因此,成人的一言一行对幼儿都有榜样的作用,所谓"身教重于言教";其次,教师应重视各种情况下、各种活动中的随机教育,使幼儿的一日生活及各项活动都成为社会教育的途径;再次,幼儿的整个心理发展和认识思维水平尚处于较低的发展阶段,因此教师在教育过程中要注重对幼儿行为给予及时的反馈与强化;最后,社会行为规范的养成和幼儿的生活实践是分不开的,教师要为幼儿提供大量的行为实践机会,并对其行为实践进行指导。

(二) 情感支持性原则

家庭、幼儿园和社会应共同努力,为幼儿创设温暖、关爱、平等的家庭和集体生活氛围;建立良好的亲子关系、师生关系和同伴关系,让幼儿感受被接纳、被关爱、被尊重;在积极健康的人际关系中,获得安全感和信任感,发展自信和自尊;在良好的社会环境及文化熏陶中学会遵守规则,形成基本的认同感和归属感。

(三) 一致性原则

幼儿所面临的教育环境复杂多样,这些复杂多样的环境对幼儿社会性的发展会产生复杂的影响。这些影响源之间以及内部的一致性对幼儿社会性的健康、良好发展极为重要。为此,要保证教育与日常生活的一致、各种活动中规范的一致以及家园教育的一致。具体来说,首先,教师自身态度应保持一致;其次,幼儿园各类工作人员,在对待幼儿社会性的发展上应持有一致的观念、态度和行为,尤其是带班教师和配班教师之间的一致性至关重要;最后,家庭和幼儿园在幼儿社会性发展上的指导与要求必须保持一致。

五、幼儿园小班社会领域课程实施要点(表2-6)

表2-6　幼儿园小班社会领域课程实施要点

目标	3~4岁幼儿表现	观察要点	指导要点	教育建议
1. 愿意与人交往	1. 愿意和小朋友一起游戏。 2. 愿意与熟悉的长辈一起	1. 幼儿对同伴的交往回应,包括表情、语言、动	1. 鼓励幼儿与同伴交往,引导幼儿感受与他人交往的乐趣。	1. 主动亲近、关心幼儿,经常和幼儿一起做游戏或活动,建立亲密的师生关系。 2. 使用生动形象、有趣味

目标	3~4 岁幼儿表现	观察要点	指导要点	教育建议
1. 愿意与人交往	活动。	作的反应。 　2. 幼儿是否有主动邀请同伴参与游戏的愿望或行为。 　3. 幼儿是否愿意和教师或身边熟悉的其他人游戏、沟通。 　4. 遇到同伴和熟人时，幼儿会不会主动打招呼、问好。	2. 指导幼儿学习邀请同伴一起游戏的方法和语言。	性的指导语,避免简单生硬的说教。 　3. 在日常生活中采用示范的方法,引导幼儿使用简单的礼貌用语与成人打招呼。 　4. 为幼儿提供自由交往和游戏的机会,如为幼儿提供可以和同伴一起玩的材料,鼓励他们自主选择、自由结伴开展活动,不过多干涉、评价。 　5. 通过情境的创设,如观看动画片、听故事、做游戏等,帮助幼儿认识与他人交往的重要性,引发幼儿与他人交往的兴趣。
2. 能与同伴友好相处	1. 想加入同伴的游戏时,能友好地提出请求。 　2. 在成人指导下,不争抢、不独霸玩具。 　3. 与同伴发生冲突时,能听从成人的劝解。	1. 幼儿有无用语言、行为表达想要加入游戏的愿望。 　2. 有无采用协商的方式与同伴游戏、共处、分享物品。 　3. 当与同伴发生冲突时,在教师的引导下能否调整自己的行为。	1. 指导幼儿学习友好提出请求的礼貌用语。 　2. 指导幼儿尝试用协商、交换、轮流等方式解决与同伴间的冲突。	1. 创设情境或利用相关的图书、故事,结合幼儿生活中交往的小事例,组织幼儿讨论什么样的行为受大家欢迎,想要得到别人的接纳应该怎样做。 　2. 当幼儿不知怎样加入同伴游戏,或提出请求不被接受时,建议他拿出玩具邀请大家一起玩,或扮成某个角色加入同伴游戏。 　3. 对幼儿与别人分享玩具、图书等积极的行为给予肯定,让幼儿对自己的表现感到高兴和满足。 　4. 当幼儿之间发生冲突时,教师首先应理解、包容

续表

目标	3~4岁幼儿表现	观察要点	指导要点	教育建议
2. 能与同伴友好相处				幼儿。幼儿在感受到被接纳时才可能安静下来,听从教师的劝解。
3. 具有自尊、自信、自主的表现	1. 能根据自己的兴趣选择游戏或其他活动。 2. 为自己的好行为或活动成果感到高兴。 3. 自己能做的事情愿意自己做。 4. 喜欢承担一些小任务。	1. 幼儿能否选择自己想玩的游戏。 2. 幼儿能否在教师的肯定和表扬中体验愉悦。 3. 幼儿能否做自己力所能及的事情。 4. 是否愿意承担一些力所能及的小任务。	1. 指导幼儿初步体会不同游戏有不同的特点,引导幼儿在选择游戏时表达自己的意愿。 2. 指导幼儿初步认识日常生活中什么样的行为是好的。 3. 鼓励幼儿做力所能及的事。	1. 通过创设情境、角色扮演等,使幼儿初步感受不同游戏的特点。 2. 能以平等的态度对待幼儿,使幼儿切实感到自己被尊重。如,对与幼儿有关的事情要征求幼儿的意见,即使他的意见与成人不同,也要认真倾听,接受他的合理要求。 3. 对幼儿好的行为和活动成果给予具体的、有针对性的肯定和表扬。 4. 不要拿幼儿的某些不足和其他幼儿的优点作比较。 5. 在保证安全的情况下,鼓励幼儿自己选择活动,做自己能做的事情,如穿脱衣服、收放玩具等。 6. 在日常生活中,为幼儿提供主动承担小任务的机会。如领路、取物、浇花、值日等。
4. 关心、尊重他人	1. 长辈讲话时能认真听,并能听从长辈的要求。 2. 身边的人生病或不开心时表示同情。 3. 在提醒下能做到不打扰	1. 幼儿有无倾听的意识。 2. 当身边的人生病或不开心时,幼儿能否用语言、行为表达对他人的关心	1. 指导幼儿安静倾听他人讲话。 2. 引导幼儿对生病或不开心的情绪进行体验。 3. 提醒幼儿不打扰他人,在有他人在场时轻声说话、静静地做动作。	1. 教师和家长以身作则,以尊重和关心的态度对待他人。 2. 通过情境创设,如观看动画片、听故事、做游戏等,引导幼儿关心、尊重他人并学习关心、尊重他人的基本方法,如在班级内配备电话,设立爱心角,引导幼儿给没有

目标	3~4 岁幼儿表现	观察要点	指导要点	教育建议
4. 关心、尊重他人	别人。	和问候。 3. 幼儿打扰他人活动的行为,以及在教师提醒后的行为变化。		来的小朋友打电话问候,表示关心。
5. 喜欢并适应群体生活	1. 对群体活动有兴趣。 2. 对幼儿园的生活好奇,喜欢上幼儿园。	1. 幼儿有无参加集体活动的意愿。 2. 幼儿有无愿意亲近教师和同伴,以及喜欢的游戏、玩具。 3. 是否知道幼儿园的名称、认识自己班级的老师,能说出几个同伴的名字。	1. 带领幼儿熟悉幼儿园环境,使幼儿对幼儿园的边边角角不陌生。 2. 引导幼儿发现幼儿园里有趣的人、物、活动,鼓励幼儿参与集体活动,与幼儿园的人、物、活动建立亲密关系,感受集体活动的乐趣。	1. 组织开展丰富多彩的集体活动和游戏,引导幼儿体验活动和游戏的乐趣。 2. 提供机会,带领幼儿和其他班级的小朋友一起活动,丰富其群体活动经验。如打破班级界限,开展混龄活动。 3. 建议家长经常带幼儿参加一些群体活动。如亲戚、朋友聚会以及适合幼儿参加的社区活动等。 4. 营造宽松的精神氛围,建立良好的师生关系和同伴关系。 5. 对表现出分离焦虑的幼儿给予特别的关注和指导。如,教师通过微笑、点头、肯定性的手势、身体性的接触(抚摸、拍头)和鼓励性的言语等,使幼儿感受到自己为老师所喜爱、所接纳;创设家庭化的班级环境。

续表

目标	3~4 岁幼儿表现	观察要点	指导要点	教育建议
6. 遵守基本的行为规范	1. 在提醒下,能遵守游戏和公共场所的规则。 2. 知道不经允许不能拿别人的东西,借别人的东西要归还。 3. 在成人提醒下,爱护玩具和其他物品。	1. 在教师的提醒下,能否初步遵守简单的游戏规则,和同伴开展游戏。 2. 幼儿在日常生活的各环节能否按常规要求做事,包括盥洗、喝水、上厕所、午睡等。 3. 当拿别人的东西时,能否主动询问他人的意见。 4. 在借他人的东西后,能否主动归还。 5. 爱护玩具、图书等物品的行为。如不撕书、不摔打玩具。	1. 创设情境,使幼儿体会规则的重要性:想要和别人一起游戏,就要遵守规则。 2. 创设情境,使幼儿体验集体生活中遵守基本的行为规范的意义。 3. 指导幼儿意识到物品是有归属的,知道哪些是别人的,哪些是自己的。 4. 指导幼儿在借别人东西时先询问,使用后记得归还。 5. 指导幼儿认识爱护物品的重要性,学习爱护物品的基本方法。	1. 教师经常和幼儿玩带有规则的游戏,并遵守共同约定的游戏规则。 2. 利用实际生活情境和图画书、故事等,向幼儿介绍一些必要的社会行为规则,以及为什么要遵守这些规则。 3. 对幼儿表现出的遵守规则的行为要及时肯定,对违规行为给予纠正。 4. 教师和家长要遵守社会行为规则,为幼儿树立良好的榜样。如爱护公共物品及环境,在公共场所不大声喧哗、不插队等。
7. 具有初步的归属感	1. 知道和自己一起生活的家庭成员及与自己的关系,体会到自己是家庭的一员。 2. 能感受到	1. 幼儿能否说出和自己一起生活的家庭成员及称谓。 2. 在教师的引导下,幼	1. 创设情境,让幼儿说出和自己一起生活的家庭成员及自己与家庭成员的关系。 2. 在父亲节、母亲节等节日引导幼	1. 在班级中营造温馨的氛围,引导幼儿感受、表达对幼儿园和家庭的依赖和亲近感。 2. 组织活动,和幼儿一起翻阅照片、讲幼儿成长的故事,引导幼儿体会家庭的温

续表

目标	3~4 岁幼儿表现	观察要点	指导要点	教育建议
7. 具有初步的归属感	家庭生活的温暖, 爱父母, 亲近与信赖长辈。 3. 能说出自己家所在街道、小区(乡镇、村)的名称。 4. 认识国旗,知道国歌。	儿是否会提及自己的家庭和家里发生的事。 3. 幼儿能否说出自己的家庭住址。 4. 幼儿能否认出国旗、辨听国歌。	儿主动表达对父母及其他长辈的爱,并能主动分享父母及其他家庭成员对自己的爱。 3. 创设情境,引导幼儿体会当自己遇到无法解决的困难时,家人、教师、同伴会帮助他,并在需要时主动向这些人寻求帮助。 4. 引导幼儿记住自己的家庭住址。 5. 指导幼儿辨识国旗、国歌。	暖及父母、长辈对他的爱。 3. 组织亲子活动,增进良好的亲子关系,如亲子运动会、亲子游戏、亲子社会实践活动(参观、游览、共同完成任务)等。 4. 利用电视节目或参加升旗等活动,向幼儿介绍国旗、国歌以及观看升国旗、奏国歌的礼仪。

六、主要参考资料

本内容框架以《指南》为主要依据,同时,在大量参考相关研究成果的基础上对《指南》内容进行细化而形成。主要参考书目有:

［1］虞永平. 社会(小班)［M］. 南京:南京师范大学出版社,1996.

［2］李季湄,冯晓霞.《3—6 岁儿童学习与发展指南》解读［M］. 北京:人民教育出版社,2013.

［3］周梅林. 学前儿童社会教育活动指导［M］. 上海:复旦大学出版社,2010.

［4］唐淑. 幼儿园艺术、健康和社会教育［M］. 南京:南京师范大学出版社,2004.

第四节　幼儿园科学领域（科学探究）课程内容框架（3~4 岁）

一、科学领域（科学探究）对幼儿发展的价值

幼儿科学教育是儿童终身学习和发展的基础，对学前儿童发展具有重要的意义与价值。

幼儿具有与生俱来的好奇心和求知欲，他们天然地对周围的物质世界充满了探究的热情和欲望，好奇、好问、喜欢探索是幼儿的天性。幼儿科学学习的对象是客观世界，是自然界中的各种事物和现象。大自然以及周围生活中的各种事物和现象最能够引起幼儿的好奇心和探究兴趣，也是幼儿发现事物特征，进行观察、比较、概括、分类和寻求事物间关系等思维活动最集中的领域。科学领域的内容能够激发幼儿的探究和认识兴趣，使幼儿体验探究和解决问题的过程，发展幼儿初步的探究和解决问题的能力，使幼儿形成积极的科学态度和情感。幼儿科学教育的核心价值即培养幼儿初步的科学素养。

二、科学领域（科学探究）的目标

（一）科学探究的总目标与子目标

依据《指南》以及新近幼儿科学教育的发展，幼儿的科学学习是在探究具体事物和解决实际问题中，尝试发现事物间的异同和联系的过程。幼儿科学领域的教育应当引领幼儿在对自然事物的探究和解决实际生活问题的过程中，获得丰富的感性经验；充分发展幼儿的形象思维，培养幼儿初步归类、排序、判断、推理的能力，逐步发展幼儿的逻辑思维能力，为其他领域的深入学习奠定基础。

幼儿科学探究的核心（总目标）是激发幼儿的探究兴趣，体验探究过程，发展初步的探究能力。成人要善于发现和保护幼儿的好奇心，充分利用自然和实际生活中的机会，引导幼儿通过观察、比较、操作、实验等方法，学习发现问题、分析问题和解决问题的方法与策略；帮助幼儿不断积累经验，并运用于新的学习活动，形成受益终身的学习态度和能力。

在《指南》中幼儿科学探究包括三个子目标，见表 2-7。

表 2-7　科学领域(科学探究)学习与发展目标

领域	目标	性质
科学 (科学探究)	1. 亲近自然,喜欢探究	首要目标 / 前提性目标
	2. 具有初步的探究能力	重要目标 / 关键性目标
	3. 在探究中认识周围的事物和现象	载体目标 / 产物性目标

(二) 科学探究的目标解读

以《指南》为基础,幼儿园科学教育的目标主要表现为三个方面:保护并发展幼儿天生的对世界的好奇心,重视其科学态度的养成;发展幼儿在探究世界、解决问题、进行决策的过程中的各种方法与思维能力;帮助幼儿认识和理解自然世界,以指向科学关键概念为出发点来组织相关科学知识,为幼儿终身的科学素养奠定初步基础。

具体而言,科学探究学习与发展的目标,主要表现在初步的科学态度的养成、科学方法与能力的培养以及指向对科学关键经验的建构等方面。

1. 科学态度的养成

(1) 好奇心:感到自然环境新鲜有趣;经常对自然现象和实验结果提出疑问。

(2) 喜欢探究:主动观察自然与科学现象;喜欢将自己的想法通过动手操作表现出来。

(3) 发现的乐趣:能感受发现的乐趣;愿意参与各项科学活动;对操作材料或器具表现出兴趣。

(4) 细心观察:相信细心的观察和进一步的提问,能够带来许多新的发现。

(5) 尊重证据:知道经过仔细、准确的探究和讨论所获得的资料才更可信。

(6) 求真求实:知道只有通过细心的观察以及认真的思考,才能获得可信的知识;初步具有求真求实的科学态度。

(7) 客观并且开放的心态:愿意接受科学活动的各种结果(成功或失败);愿意接受各种改变,并对改变能够有正向的态度。

(8) 质疑的意识:不盲目相信权威或成人的观点。

(9) 自信并且乐观:能在探究活动中获得新的经验,发展自信心和对科学的兴趣;能勇敢面对失败。

2. 科学方法与能力的培养(小、中、大班幼儿各项方法与能力渐次增强)

(1) 观察:运用各种感受收集关于物体和事件的信息。

(2) 比较:观察真实物体的相似性与差异性。

(3) 分类:根据物体的特征如尺寸、形状、颜色、用途等进行分类。

(4) 测量:通过直接的观察,或间接使用测量工具来进行量化的描述。

(5) 沟通:以口头语言或其他形式表达想法或意见,使得其他人能够理解自己的意思。

(6) 推论:基于观察到的现象,提出自己的见解与判断,提出更多的解释。

(7) 预测:基于观察、前期知识与相关经验,做出有想法的猜测或判断。

(8) 假设:基于观察的结果,提出可以进一步需要检验的陈述。典型的假设形式是"如果……将会……"。

(9) 简单的变量控制:初步意识到在科学探究过程中,需要控制一定的变量。例如,如果想探究温度是否是影响植物生长的条件,就必须保证在不同温度下观察的植物的初始条件是一样的。

3. 指向对科学关键经验的建构

(1) 物质科学:物体和材料的性质;物体的位置和运动;光、热、电和磁。

(2) 生命科学:生命体的特征;生命体的生命周期;生命体和环境。

(3) 地球和空间科学:地球物质的性质;天空中的物体;地球和天空的变化。

(4) 科学与技术:技术设计的初步能力;对科学技术的初步理解;区别自然物体和人造物体的能力。

(5) 科学与社会:个人健康;资源的类型;环境的变化;科学技术在应对挑战中的作用。

(6) 科学的历史和本质:对科学历史的初步理解和对科学的初步理解。

三、科学领域(科学探究)的课程内容(3~4 岁)

(一) 3~4 岁幼儿科学探究的学习与发展特点

3~4 岁幼儿的典型特征是有强烈的好奇心和探究的热情。他们对"平凡"的事物都具有极强的好奇心,常常能够自发地探究最常见的物体和生物,刚刚发芽的小树、长出地面的小草都会吸引他们的注意力,不知名的小虫子会让他们观察半天……这是他们的好奇心和探究热情的表现。

小班幼儿的典型特征还表现在"好问"上。他们常常对自己接触和观察到的事物和现象提出各种各样的问题。例如,在树下发现了小蜗牛,他们会问各种各样的问题:蜗牛有嘴吗? 蜗牛喜欢吃什么? ……孩子们的问题往往是探究问题的来源。

由于语言发展水平和所处思维发展阶段的局限,3~4 岁幼儿常常不善于直接用语言表达他们的好奇心,但是可以从他们的行动中,从他们的表情和眼神中"读出"他们对世界的惊奇和疑问。

在解决问题时,3~4 岁幼儿的思维过程常常需要动作的帮助,并要以物质材料为中介。他们对世界的认识和探索也主要借助具体的行动和操作来实现,他们通过多感官的操作和体验(如看、触摸、听、尝、闻)以及简单的实验来认识事物和自然现象最基本的特征。

由于经验水平和思维特点的限制,3~4 岁幼儿探究解决问题的过程和方法具有很大的试误性。也就是说,他们对事物特点的认识或者对事物间关系的发现需要多次尝试,他们要不断排除无关因素,经过多次、长时间的探索,才能接近答案。

(二) 3~4 岁幼儿科学探究课程的重点内容

1. 保护和激发幼儿的好奇心和探究兴趣,培养幼儿初步的对科学的态度和情感。

保护和激发幼儿的好奇心和兴趣是幼儿科学探究课程中的首要目标。小班幼儿具有强烈的好奇心和探究热情,科学教育的首要目标就是鼓励、呵护以及激发幼儿的好奇心和探究兴趣。

2. 鼓励幼儿提出问题,在科学探究体验中培养幼儿描述、多感官的观察、表达与交流等最基本的探究能力。

具有初步的探究能力是幼儿科学教育领域的关键性目标。小班幼儿的年龄特点决定了其探究能力方面的重点是培养幼儿发现问题、描述现象、多感官观察以及初步的表达与交流能力。

3. 在探究过程中认识周围事物和现象的基本属性与典型特征。

小班幼儿在感知、体验、探究和发现的过程中能够获得对事物和现象的基本属性和典型特征的认识与了解。小班幼儿对周围事物和现象的认识主要集中在物质的基本属性和典型特征方面。例如,水的基本属性和典型特征主要表现为水是无色、无味、流动的,小班孩子的科学活动就可以定位在让孩子通过玩水来感受水的流动性等典型特征上。

四、科学领域(科学探究)课程实施的基本原则

（一）科学教育活动的目标应该指向幼儿科学态度与情感的养成、科学过程与方法的体验以及科学关键经验的建构

幼儿科学探究的内容设计和实施应该指向幼儿初步科学素养的养成,因此在内容重点上应该:(1)指向建构科学关键经验和培养探究能力,而不是单纯了解具体科学知识和信息。例如,关于植物,如果仅仅是以让幼儿识记具体的植物名称为目标,其活动不可能成为有价值的探究活动;而如果目标指向让幼儿感受植物的多样性,那么就可以让幼儿通过观察植物的相同与不同,用多种感官感知植物的不同等方式培养幼儿仔细观察、比较等能力,其活动实施更有意义。(2)应该鼓励幼儿对指向基本的科学概念的关键经验展开探究,而不是分割地将科学探究作为一组过程来开展。幼儿科学教育内容应该以指向基本的科学概念的关键经验为主体,鼓励幼儿在持续的探究过程中获得基本的探究能力,而不是简单地将科学探究作为一组猜想、验证、交流讨论、得出结论的刻板模式来展开。(3)应该将科学内容与过程高度融合,而不是将知识与过程分离。幼儿是在动手探究的过程中获得对科学经验的认知与理解的,因此,动手和动脑是统一的过程。科学探究活动应避免为动手而动手、知识介绍完了再开展验证性活动等知识与过程分离的取向。

（二）关注课程的生成

理想的课程应该是自然发生的,是对儿童表现的一种反应,敏锐的教师在这样的课程中能够激发理论的建构。对课程的预先设计和计划为教师的课程实施提供了一定的结构和准则,但它不是固定的,因为最佳的学习经历常常是不可预知的,是自然发生的。

选择科学教育内容,要考虑孩子的兴趣、经验水平、现有能力,从孩子产生的问题和形成的一些基本认识出发来确定内容并设计展开活动。科学教育内容的确定要以对孩子的了解、对孩子的认识能力的判断等为基础,比如,孩子的兴趣和已有经历、共有的前期基本经验,教师自己的特长和兴趣,以及幼儿园和班级可利用的资源,进而生成科学教育内容。

（三）科学教育内容的设计与实施应该体现渐进性，要考虑儿童的年龄特征

科学教育内容本身具有一定的逻辑关联和递进关系，幼儿本身也具有所属年龄阶段的特定的认知特点。科学教育活动的设计与实施既要考虑内容之间的渐进性，同时也要符合幼儿的年龄特征。例如，认识植物的生长与变化，小班的内容常常将重点放在"了解植物变化的典型特征"上；而中班的重点则是"观察、了解植物的渐变过程"；大班的重点可以是"认识植物的细微变化和植物变化与环境的关系"。从植物的典型特征到渐变过程再到植物变化与环境的关系，体现了内容"由浅入深""由表及里"的渐进性，同时也考虑了幼儿的探究水平、观察能力等方面逐步发展的需要。

（四）科学领域（科学探究）与其他领域有机整合

科学领域（科学探究）与其他几大领域之间有着密切的联系，科学教育活动设计与实施应该关注科学领域与其他领域的有机融合。数学是科学的工具，科学教育活动可以融合数学中的估算、比较、测量、计数等多种方法；音乐能够通过多种方式来加强幼儿对科学的理解，能够激发幼儿积极的情感；美术有助于幼儿直觉地、创造性地表达自己的想法；语言是思维的工具，有助于幼儿在科学教育活动中表达、交流等；而合作、分享等社会性内容与品质同样是科学教育活动中必不可少的组成部分。科学教育活动的内容与其他领域有机整合，能够促进幼儿全面发展。

（五）教师开展科学教育活动的基本出发点

1. 幼儿园教师要让所有的孩子建立"求知欲或好奇感"。

2. 孩子主要通过活动（游戏）学习科学。

3. 孩子参与科学过程比懂得科学事实更重要。

4. 当孩子在参加教育科学活动的时候，教师要观察他们的行为，聆听他们的谈话，这样才能跟上他们的想法。

5. 科学教育活动不止于集体教育活动，教室里或户外所有的地方都会发生科学探究过程，因此科学教育活动应该渗透、延伸到不同区域中，应该贯穿在一日活动中。

6. 要想激发幼儿科学学习的内在动力，必须注意：科学教育活动首先要引

起幼儿的兴趣;幼儿自己掌握学习过程,并在过程中能够体验到快乐。

7. 幼儿园教师最重要的作用就是为孩子提供可以探究、表达和分享他们的发现的环境和机会。

8. 不断尝试、不断犯错误,寻找原因、发现结果是科学学习过程的自然组成部分。

9. 科学教育活动和所需材料应该与孩子的经验背景相关联,并且源于他们的日常生活。

五、幼儿园小班科学领域(科学探究)课程实施要点(表2-8)

表2-8　幼儿园小班科学领域(科学探究)课程实施要点

目标	3~4岁幼儿表现	观察要点	指导要点	教育建议
1. 亲近自然喜欢探究	1. 喜欢接触大自然,对周围的很多事物和现象感兴趣。 2. 经常问各种问题,或好奇地摆弄物品。	1. 对身边的、自然的、熟悉的、生活中的事物表现出好奇,如兴奋地尖叫、脸上闪现出惊奇的神色,等等。 2. 能够自发或在教师的引导下对感兴趣的事物进行探究。 3. 投入地动手操作,喜欢摆弄物体、探索物体和材料的性质。 4. 喜爱自然环境、关心自然环境。 5. 在活动中表现出专注和满足。	1. 经常带幼儿接触大自然,激发其好奇心与探究欲望。 2. 真诚地接纳、多方面支持和鼓励幼儿的探索行为。 3. 多为幼儿选择一些能操作、多变化、多功能的玩具材料,有意识地为幼儿投放一些结构好的材料,通过材料引发幼儿的探究行为。	1. 为幼儿提供一些有趣的探究工具,用自己的好奇心和探究积极性感染和带动幼儿。 2. 和幼儿一起发现并分享周围新奇、有趣的事物或现象,一起寻找问题的答案。 3. 认真对待幼儿的问题,引导他们亲身观察,就幼儿感兴趣的问题创设情境,和幼儿一起体验科学探究过程。例如,通过种豆子,和幼儿一起体验植物的生长过程;幼儿基于观察蜗牛提出疑问、探究蜗牛的生存环境和其他感兴趣的问题;等等。 4. 创设支持性的心理氛围,让幼儿安全、持续地探究感兴趣的问题。例如,不要强迫孩子去接触他们感到害怕的生物;不要因为孩子探究而弄脏、弄乱甚至破坏物品就责备孩子。

目标	3~4 岁幼儿表现	观察要点	指导要点	教育建议
2. 具有初步的探究能力	1. 对感兴趣的事物仔细观察,发现其明显特征。 2. 能用多种感官或动作去探索物体,关注动作所产生的结果。	1. 幼儿期待并主动参与科学教育活动。 2. 愿意对某些日常事物和现象提出问题或者表达自己的想法。 3. 活动中敢于表达自己的各种想法。 4. 尝试通过看、听、触摸、尝和闻等多种方式感知事物。 5. 喜欢将过程中的发现和感受与教师和同伴进行分享。	1. 有意识地引导幼儿观察周围事物,引导幼儿用多种感官进行观察。 2. 支持和鼓励幼儿在探究的过程中积极寻找答案或解决问题。 3. 鼓励和引导幼儿学习描述自己的观察和自己的想法,并与他人分享。	1. 支持幼儿自发地观察,并对其发现表示赞赏。 2. 通过提问等方式引导幼儿思考并对事物进行多感官的观察。 3. 引导幼儿在观察和探索的基础上,尝试提出感兴趣的问题;或由教师提出有探究意义且能激发幼儿兴趣的问题。例如,皮球、轮胎、竹筒等物体滚动时都走直线吗? 把这些材料放在水里,它们都能够浮起来吗? 4. 支持和鼓励幼儿大胆猜测问题的答案,并有进行验证的愿望。例如,种子种下去,会有怎样的变化? 怎么才能知道是不是这样呢? 5. 鼓励幼儿对观察到的现象进行描述,说出自己的想法。 6. 支持、引导幼儿用适宜的方法探究和解决问题,或为自己的想法收集证据。例如,想知道蜗牛喜欢吃什么,可以亲自去喂养、验证一下;想知道磁铁能吸引哪些东西,可以动手试一试;想知道把雪花带到教室里会怎么样,可以亲身验证一下;等等。 7. 在引导孩子用多感官探究时,教师要有安全意识。例如,当孩子使用棍子或者

续表

目标	3~4岁幼儿表现	观察要点	指导要点	教育建议
2. 具有初步的探究能力				锋利的东西去探触感兴趣的东西时,要时刻提醒他们注意安全;引导孩子识别危险信号,意识到有些物品的潜在危险性;让孩子知道不要随意把物品往嘴里放,以及安全用电的常识;等等。 8. 教师用绘画、照相等办法帮助幼儿记录观察和探究的过程与结果,通过记录帮助幼儿丰富观察经验、建立事物之间的联系和分享发现。 9. 支持幼儿与同伴之间的分享交流,引导他们在交流中尝试用自己的语言描述自己的发现,体验发现的乐趣。
3. 在探究中认识周围事物和现象	1. 认识常见的动植物,能注意发现周围的动植物是多种多样的 2. 能感知和发现物体和材料的软硬、光滑和粗糙等特性。 3. 能感知和体验天气对自己生活和活动的影响。	1. 感知周围的动植物是多种多样;它们有一定的身体结构和典型特征;动植物生长有一定的基本需求,缺少必要的条件它们就会死亡;动植物的生长会经历一定的变化。 2. 初步了解物体和材料具有软硬、光滑和	1. 支持幼儿在接触自然、生活事物和现象中积累有益的直接经验和感性认识。 2. 创设条件,引导幼儿探究发现物体和材料的特性。 3. 引导幼儿关注和了解自然、科技产品与人们生活的密切关系,逐渐懂得热爱、尊重、保护自然。	1. 和幼儿一起通过户外活动、种植和饲养活动,感知生物的多样性和典型特征,以及动植物会有生长发育、繁殖和死亡的过程。 2. 给幼儿提供丰富的材料和适宜的工具,支持幼儿在游戏过程中探索并感知常见物体和材料的特性。 3. 鼓励幼儿留心观察周围环境中的岩石、土壤、水分和大气中的气体等,注意到它们的典型特征,引导他们观察各种变化,如日夜和季节的变化、植物的生长和凋谢等。

续表

目标	3~4岁幼儿表现	观察要点	指导要点	教育建议
3. 在探究中认识周围事物和现象	4. 初步了解和体会动植物和人们生活的关系	粗糙等特性;感知常见物质、材料如水、空气、土壤、岩石等的基本属性,了解可以通过多种感官对物质的性质进行观察。 3. 初步感知力有大小,在力的作用下,可以使物体的位置发生改变。 4. 感知声音、光等的存在及其基本属性。 5. 初步感知天气变化及其与自己生活的关系。 6. 初步感知科技的作用和科技与生活的简单关系。 7. 关心生物,感知人类对动植物的依存关系和动植物对人类的贡献。		4. 为幼儿提供机会,观察和感知沙石、泥土、纸张、木头、布以及各种金属等,探究相关物质的基本属性。 5. 结合幼儿的生活需要,引导他们初步体会人与自然、动植物的依赖关系。例如,动植物、季节变化与人们生活的关系,常见灾害性天气给人们生产和生活带来的影响等。 6. 通过多种形式让幼儿感知科技与生活的关系,了解科技大大改善了我们的生活,但是科技的作用有时候是好的,有时候则是坏的。例如,了解和感知各种家用电器、交通工具、通信工具等给生活带来的方便和造成的不利影响。 7. 提醒孩子其他生物和人类有相似的需求,它们需要食物、躲避伤害,需要他人的关心和尊重;鼓励孩子去观察生物,带着友好和关心去接触它们,并且负责任地关照它们;在活动结束时,要让孩子理解应当将这些生物放回原处。

六、3~4 岁幼儿科学教育活动可能涉及的关键经验

(一) 物质科学:常见物体和材料的基本属性与典型特征

小班幼儿对物质的探究可以围绕物质的基本属性以及进行简单的定性描述开展。例如:

1. 物体有许多可以观察的特性,包括尺寸、重量、形状、颜色、温度等。可以通过多种感官对这些特性进行观察。

2. 物质可以有不同的存在状态,即固态、液态和气态。某些常见的物质(如水)能够从一种状态变为另一种状态。

3. 力有大小;推或拉可以使物体移动。

4. 知道许多家用设备是用电的,但是不正确使用电器是危险的。

5. 知道声音和光等现象的存在以及简单的性质。

(二) 生命科学:常见动植物的基本属性和典型特征

小班幼儿能够通过直接接触有生命的物体、了解它们的生命周期和居住的环境等,形成对生物概念的理解。考虑到小班幼儿的年龄特点,这方面的内容应该集中于常见动植物的基本属性与典型特征上,从而让幼儿对生命体的特征、生命体的生命周期和自然环境各部分之间的作用关系等获得最粗浅的了解。具体而言,可以考虑如下关键经验:

1. 生命体有一定的身体结构和典型特征。

2. 生命体是各种各样、千差万别的。

3. 生命体有一定的基本需求。例如,动物需要空气、水和植物;植物需要空气、水分、养分和阳光;生命体只有当环境满足其需要时才会生存下来,缺少一定的条件就会死亡。

4. 植物和动物能够生长、繁殖、运动;动植物的生长要经历一定的渐变过程(出生、发育成熟、繁殖和逐渐死亡)。

5. 植物和动物都与它们的双亲有许多相同之处。

6. 所有的动物都依赖植物。有些动物以植物为食,还有一些动物以吃植物的动物为食。

（三）地球和空间科学：感知天然常见物质和现象

幼儿对周围事物感兴趣，如土壤、岩石、雨、雪、云、彩虹等。对这些方面的内容可以定位在鼓励小班幼儿认真观察周围环境中的物体和材料，注意到它们的典型特征，引导他们观察各种变化，如日夜和季节的变化、植物的生长和凋谢等。可以引导幼儿通过观察了解物质的属性。可通过对天空的日夜变化、物体的影子在一天中的运动情况和太阳及月亮的位置等的观察，让小班幼儿学会识别并注意到这种变化。

从科学概念的角度来说，3~4岁幼儿有很多错误概念，这个阶段的幼儿还不能理解"大地"是个近似的圆球体。因此这类活动的重点应该是培养幼儿的观察能力和描述能力。

这一内容领域所包括的基本概念涉及：

1. 地球物质的属性。地球物质如岩石和土壤、水分和大气中的气体，这些物质具有不同的物理和化学属性。例如，空气无处不在。水是无色、无味、无固定形状的物体；水对浸在它里面的物体有浮力；有些东西在水里会沉，有些东西会浮。沙石、泥土、纸张、木头、布以及各种金属物质等都具有基本属性。磁铁有吸引力，磁铁能够吸引一些金属物品。土壤有颜色、质地、含水量等方面的基本属性以及支持多种植物（包括作为人类食物的植物）生长的能力等。化石为生活在很多年前的植物和动物以及当时环境的性质提供了证据。

2. 天空中的物体。太阳、月亮、星星等都有可观察和描述的特性、位置和运动方式；太阳提供了保持地球温度所需要的光和热。

3. 地球和天空的变化。天气每天都要发生变化，每个季节都要发生变化。

4. 天空中的物体都有一定的运动模式。例如，月亮可以观察到的形状每天都有所不同，变化周期大约为一个月。

（四）科学技术与生活的关系

1. 初步感知人们发明各种工具和技术来解决生活中遇到的问题。

2. 初步了解人类从事科学和技术的历史已经很长了。

3. 初步感知科学技术在改善食物的数量与质量、健康、环境卫生及通信方面发挥的作用；感知科学技术的作用有好有坏。例如，了解和感知各种家用电器、交通工具、通信工具等给生活带来的方便以及造成的不利影响。

（五）生活与自然环境的关系

1. 感知人类对动植物的依存以及动植物对人类的贡献。

2. 感知人类的生活与自然环境的密切关系,知道良好的自然环境对人们的生活有好处,知道人类的某些活动可能对自然环境造成的不良影响和破坏。

3. 懂得尊重和珍惜生命,保护自然环境。

七、主要参考资料

本内容框架以《指南》为主要依据,同时,在大量参考相关研究成果的基础上对《指南》内容进行细化而形成。主要参考书目有:

［1］李季湄,冯晓霞.《3—6 岁儿童学习与发展指南》解读［M］.北京:人民教育出版社,2013.

［2］(美国)国家研究理事会.美国国家科学教育标准［M］.戢守志,译.北京:科学技术文献出版社,1999.

［3］普莱瑞.幼儿园科学探究教学［M］.霍力岩,译.北京:教育科学出版社,2009.

［4］罗伯特·E.洛克威尔,等.科学发现:幼儿的探究活动之一［M］.曾盼盼,等,译.北京:北京师范大学出版社,2005.

［5］威廉姆斯·C.里兹.培养儿童好奇心:89 个科学活动［M］.王素,倪振民,译.北京:教育科学出版社,2009.

［6］吉恩·D.哈兰,玛丽·S.瑞夫金.儿童早期的科学经验:一种认知与情感整合的方式［M］.张宪冰,等,译.北京:北京师范大学出版社,2006.

［7］赖羿蓉,幼儿科学教育的理论与实践［M］.台北:华腾文化股份有限公司,2008.

第五节　幼儿园科学领域(数学认知)
课程内容框架(3~4岁)

一、科学领域(数学认知)对幼儿发展的价值

幼儿园阶段的数学启蒙教育的目的,是引导幼儿去探索周围世界的数量关系和空间形式,培养幼儿的好奇心和探索欲,提升幼儿的思维能力,培养幼儿良好的思维品质,为其日后的数学学习创造有利条件。

二、科学领域(数学认知)的目标

《指南》将幼儿科学领域的学习与发展划分为"科学探究"和"数学认知"两个子领域,"数学认知"领域包含幼儿学习与发展的若干分目标(表2-9)。幼儿数学学习与发展的总目标,是在初步学习数学知识和技能的过程中发展幼儿的思维和兴趣。

表2-9　科学领域(数学认知)学习与发展目标

领域	目标	性质
科学 (数学认知)	1. 初步感知生活中数学的有用和有趣	基础目标
	2. 感知和理解数、量及数量关系	发展目标
	3. 感知形状与空间关系	发展目标

三、科学领域(数学认知)的课程内容(3~4岁)

(一)3~4岁幼儿数学认知的学习与发展特点

3~4岁幼儿处于前运算阶段的初期,其感知运动图式开始内化为表象。幼儿的词汇量增长迅速,能在数词与物体数量间建立联系,能理解"数"的实际意义(如3是指3个物体),但带有极大的具体形象性,很难脱离具体事物和情境来理解"数";尚未形成守恒概念,对多少、大小等数量的认知很容易受到事物其他特征的干扰。因此,要利用生活中的各种资源和机会,引导幼儿通过对具体事物

的认知和操作,逐步形成简单的数形概念。

幼儿数学概念的发展存在一定的顺序性,认识基数先于序数,初步感知分类(集合)是认识基数的基础,能简单排序又是认识序数的前提,因此首先要分析、了解幼儿的认识发展状况,循序渐进地选择数学内容、设计活动。

3~4岁幼儿对周围各种事物有强烈的好奇心和探索欲望,但学习中仍以无意注意和识记为主,并未真正接受有意识记任务。因此设计的数学活动要有趣味、富有变化,以吸引幼儿的注意。3~4岁幼儿的短时记忆容量较小,3岁幼儿一般只能同时处理1个信息单位。因此数学活动任务应单纯、明确,避免同时处理过多环节。而且3~4岁幼儿大脑皮层易兴奋,注意易转移,自控能力差,行为容易受情绪和环境的影响。幼儿注意的稳定性不强,在3岁时为3~5分钟,4岁时大约为10分钟,因此,活动时间不宜过长,也可将活动分解为较短的活动片段,并注意把握活动的张弛节奏。

此外,3~4岁幼儿的认知发展存在较为明显的年龄差异和个体差异,必要时应采用分层和个别指导的方式。

(二) 3~4岁幼儿数学认知课程的重点内容

在小班阶段,主要通过游戏、演示讲解、区角活动、生活渗入等多种方式,使幼儿通过感知、交流、操作、比较、识别等途径学习以下内容:

1. 通过一一对应比较两组5个以内物体的"多""少"或"一样多"。

2. 手口一致地点数5个以内的物体,并能说出总数,初步理解5以内基数的实际含义。

3. 区分物体的大小、高矮、长短等量方面的明显特点,并能用相应的词描述。

4. 识别简单的几何图形——圆形、方形、三角形,并用这些图形名称描述相应物体的形状。

5. 认识以自我为中心的简单的空间方位(上下、前后、里外等),知道和描述两个物体间的简单的空间关系(上下、前后、里外等),能按含有简单方位词的指令行动。

四、科学领域(数学认知)课程实施的基本原则

数学认知课程实施应遵循以下基本原则。

(一) 融入生活游戏

3~4 岁幼儿处于前运算阶段的初期,还不能完全理解、掌握抽象的数概念,主要是初步学习简单的数和形的词汇,并把这些词汇与实际事物的数形特征联系起来,获得和积累运用这些数和形的初步生活经验,为未来数学概念的初步形成和发展做铺垫。因此,数学学习应与幼儿生活和游戏紧密联系,使数学学习自然成为其生活需求的一部分,引发和培养孩子学习数学的兴趣。一方面,数学活动的设计应基于幼儿的生活实际,采用游戏形式;另一方面,数学学习应融入幼儿的日常生活和其他领域活动中。例如,午点时间给幼儿分发小西红柿,就可以让孩子点数分到的小西红柿,并引导他们想办法准确点数,避免重复和漏数。

(二) 依据差异分层

3~4 岁幼儿认知能力发展的年龄差异突出,而且存在个体差异,教师须首先了解幼儿的差异,区分出几种主要层次,有针对性地设计多层次多玩法的数学活动和操作材料,让他们能根据自己的水平与发展速度选择材料,逐渐达到目标要求。

整体上,以《指南》中的数学认知目标为基本参照,活动难度适合这个阶段的幼儿。谨防增加难度,提高要求。特别要注意在不经意间因在活动中加入某些环节而增加难度。

(三) 在丰富变化的活动中巩固

研究和实践经验表明,3~4 岁幼儿记忆的保持量较低,如果教学内容无重复,所学知识和技能得不到必要的巩固,就会遗忘、流失。而如果活动内容和形式简单重复,幼儿又会感到厌倦而不感兴趣。所以,应围绕同一学习内容设计有间隔的、情境变化丰富的活动,使幼儿既巩固所学,又保持兴趣,适应情境变化,提高灵活运用能力。

五、幼儿园小班科学领域(数学认知)课程实施要点(表2-10)

表2-10　幼儿园小班科学领域(数学认知)课程实施要点

目标	3~4岁幼儿表现	观察要点	指导要点	教育建议
1. 初步感知生活中数学的有用和有趣	1. 感知和发现周围物体的形状是多种多样的,对不同的形状感兴趣。 2. 体验和发现生活中很多地方都用到数。	1. 幼儿是否关注到物体形状的区别。 2. 幼儿对哪些物体形状感兴趣。 3. 幼儿描述物体形状的语言。 4. 幼儿是否对应用到"数"的生活情形感兴趣。	1. 引导幼儿注意事物的形状特征,尝试用表示形状的词来描述事物,体会描述的生动形象性和趣味性。 2. 引导幼儿感知和体会生活中很多地方都用到数,关注周围与自己生活密切相关的数的信息,体会数可以代表不同的意义。 3. 鼓励和支持幼儿发现、尝试解决日常生活中需要用到数学的问题,体会数学的用处。	1. 在和幼儿一起谈论所看到的事物,或读图画书、讲故事时,适当地运用一些有关形状的词来描述事物,并鼓励幼儿用自己的语言进行描述,如圆圆的太阳、弯弯的月亮、方形的盒子、圆形的盒子、圆圆的苹果、长长的香蕉、我要那块三角形的积木,等等。(建议与科学、语言等活动结合渗透。) 2. 和幼儿一起寻找发现生活中计数的情景,"家里有几个人""我有2个皮球""今天只能吃2块糖"(故事中)有3只小猴子"。注意到用数字作标识的事物,如电话号码、时钟、日历和商品的价签等。(建议与科学、语言等活动结合渗透。) 3. 在拍球、跳绳、跳远或投沙包时,可通过数数、测量的方法确定名次。(建议与科学、健康等活动结合渗透。)
2. 感知和理解数、量及数量关系	1. 能感知和区分物体的大小、多少、高矮、长短等量方面的特点,并能用	1. 幼儿是否注意物体在量方面的明显差异。 2. 幼儿关	1. 引导幼儿感知和理解事物"量"的特点,区分物体在大小、多少、高矮、长短等量方面的明显	1. 3~4岁幼儿的感知和描述是模糊的,他们常用大小来替代高矮、长短等量,教师需要帮他们从"大小"中逐渐分化和细化出表示其他量

目标	3~4岁幼儿表现	观察要点	指导要点	教育建议
2. 感知和理解数、量及数量关系	相应的词表示。 　2. 能通过一一对应的方法比较两组物体的多少。 　3. 能手口一致地点数5个以内的物体，并能说出总数。能按数取物。 　4. 能用数词描述事物或动作，如：我有4本图书。	注到物体哪方面量的明显差异。 　3. 幼儿描述物体量的差异所使用的语言。 　4. 幼儿如何比较两组可数物体的多少，是否可以运用一一配对的方式。 　5. 幼儿可唱数的数字。 　6. 幼儿点数5个以内物体的方式，是否手口一致，以及准确点数物体的数目。 　7. 幼儿是否可以正确说出5个以内的物体总数。 　8. 幼儿按数取物的方式和准确程度。 　9. 幼儿尝试用数词描述事物的情形。	特点。 　2. 结合日常生活，指导幼儿学习通过一一对应比较两组物体的多少。可以判断一样多、不一样多、哪个多和哪个少。 　3. 利用生活和游戏中的实际情境，引导幼儿初步理解数的概念。 　先向幼儿示范怎样点数，再让幼儿跟着点数和说出数词，然后让幼儿独立点数。通过解释"一共有几个"，让幼儿知道点数的最后一个数就是总数。	的词和初步概念，使描述更明确。 　在进行某种量的比较之初，物体的选用和设计非常重要。例如，比较长短，应选用粗细等其他方面相同或相似、长短差异明显的物体。 　如果幼儿能较好地描述两个(或两组)物体上述特点的明显差异，就可适当让他们对多个物体按某个特点进行分类，如把红色苹果与绿色苹果分开，或把长的与短的物体分开。 　结合具体事物，让幼儿通过对3个物体多次两两比较初步体会"量"是相对的，如小亮比小明高，但比小强矮。3岁幼儿能识别4个物体中最大(或最小)的。如果能较好地完成，就可适当让他们将4个特点差异明显的物体进行排序。 　2. 鼓励幼儿在一对一配对的过程中发现两组物体的多少。例如，在给桌子上的每个碗配上勺子时，发现碗和勺多少的不同。需要注意的是，多数3.5岁以下的幼儿只关注一组物体的两端，即只给第一个和最后一个碗配勺子，教师可适当引导其关注到中间的碗还没有勺子，逐渐引导他们注意到集合中的每一个元素。

续表

目标	3~4 岁幼儿表现	观察要点	指导要点	教育建议
2. 感知和理解数、量及数量关系				3. 了解幼儿的起始状况,若多数幼儿能唱数或点数到 2,就需以此为基础设计操作活动或游戏,依次逐步教孩子认读 3、4 和 5,并理解它们的实际意义,即将数词 3(4、5)和 3(4、5)个物体(如苹果、小汽车等)联系起来。 　结合生活需要,在玩游戏或读书时,和幼儿一起手口一致地点数物体,通过练习加深他们对数的意义的理解,并提高他们计数技能的熟练运用程度。 　当幼儿基本能正确地依次点数并整齐排列 5 个以内的物体时,可让他们点数不同排列方式的物体,如方形、三角形、圆形、无规律排列等(如下图)。圆形排列(如数花瓣)对幼儿来说较难,需根据幼儿情况确定是否实施。另外,还可练习边移动物体或边取放物体边点数,让幼儿初步体会和探索避免重复点数和遗漏的方法。   　结合日常生活,为幼儿提供"按数取物"的机会,如游戏时请幼儿按要求拿出 5 个球。(建议与科学、艺术和语言等领域活动结合,并融入生活。)

续表

目标	3~4岁幼儿表现	观察要点	指导要点	教育建议
3. 感知形状与空间关系	1. 能注意物体较明显的形状特征,并能用自己的语言描述。 2. 能感知物体基本的空间位置与方位,理解上下、前后、里外等方位词。	1. 幼儿是否关注和理解物体较明显的形状特征。 2. 幼儿在描述物体时所使用的词汇,是否是形状名称。 3. 幼儿是否知道身体各部位的方位。 4. 幼儿能否区分以自我为中心的前后。 5. 幼儿能否理解两个物体间简单的空间位置和方位(如上下、前后、里外)。	1. 用多种方法引导幼儿观察、触摸和感知生活中物体的形状特征,帮助他们在物体与几何形体之间建立联系,依次认识圆形、方形、三角形,并尝试识别和描述。 2. 提供丰富的情景,引导幼儿感知和识别物体基本的空间方位,理解基本方位词,包括上下、前后、里外,并引导幼儿运用空间方位经验解决问题,能按含有方位词的指令行动。	1. 引导幼儿感受和识别日常物品(如盘子、桌子、车轮、地砖、蛋糕、饼干、积木)的形状特征,如盘子是圆的、手帕是方的。幼儿是从立体实物的观察和触摸中首先获得平面意义上的形状概念的。 结合游戏,为幼儿提供"按形取物"的机会,如让幼儿取出三角形的积木。(建议与科学、艺术和语言等活动结合,并融入生活。) 2. 让幼儿感知自己身体各部位的方位。例如,问幼儿头在身体的什么地方(上面),脚在身体的什么地方(下面);又如,脸在前面,背在后面;等等 让幼儿在自然环境中以自己为中心进行观察,自己头上面是灯,脚下面是地毯;前面是什么,后面是什么;等等。 让幼儿在自然环境中以某一物体为中心进行观察,与他们一起说说它的上面有什么,下面有什么,前面有什么,后面有什么,里面有什么,外面有什么等。例如,和幼儿玩"藏小动物"的游戏,让他们说说小动物藏的位置。 在请幼儿取放物体时,使用他们能够理解的方位词,如把桌子下面的东西放到窗台上、

续表

目标	3~4岁幼儿表现	观察要点	指导要点	教育建议
3. 感知形状与空间关系				把花盆放在大树下面、把小火车放到玩具箱里面等。 在体育、美术和舞蹈活动中,引导幼儿感受空间方位和运动方向。(建议与科学、艺术、健康和语言等活动结合,并融入生活。)

六、主要参考资料

本内容框架以《指南》为主要依据,同时,在大量参考相关研究成果的基础上对《指南》内容进行细化而形成。主要参考书目有:

[1] 方富熹,方格,林佩芬.幼儿认知发展与教育[M].北京:北京师范大学出版社,2003.

[2] 周希冰,周利文.幼儿科学教育·数学[M].北京:北京师范大学出版社,2013.

[3] 林嘉绥,李丹玲.学前儿童数学教育[M].3版.北京:北京师范大学出版社,2014.

第六节 幼儿园艺术领域课程内容框架(3~4 岁)

一、艺术领域对幼儿发展的价值

艺术是人类感受美、表现美和创造美的重要形式,也是表达自己对周围世界的认识和情感态度的独特方式。幼儿艺术领域学习的关键在于充分创造条件和机会,激发幼儿对美的感受和体验,丰富其想象力和创造力,引导幼儿学会用心灵去感受和发现美,用自己的方式去表现和创造美。

适宜的艺术教育对幼儿艺术审美能力和想象、创造、表达能力的发展,以及健全人格和良好个性的形成具有重要意义,同时,是塑造具有艺术修养的高素质公民、培养良好社会道德风尚的重要途径。

二、艺术领域的目标

(一) 艺术领域的总目标

1. 能初步感受环境、生活和艺术中的美。

2. 喜欢艺术活动,能用自己喜欢的方式大胆地表现自己的感受与体验。

3. 乐于与同伴一起娱乐、表演、创作。

(二) 艺术领域的子领域及其目标

《指南》将幼儿艺术领域的学习与发展划分为"感受与欣赏""表现与创造"两个子领域,每个子领域包含幼儿学习与发展的两项目标(表 2–11)。

表 2–11 艺术领域学习与发展目标

领域	子领域	目标
艺术	感受与欣赏	1. 喜欢自然界与生活中美的事物
		2. 喜欢欣赏多种多样的艺术形式和作品
	表现与创造	1. 喜欢进行艺术活动并大胆表现
		2. 具有初步的艺术表现与创造能力

三、艺术领域的课程内容(3~4 岁)

(一) 3~4 岁幼儿艺术领域的学习与发展特点

3 岁左右幼儿的美术创造能力基本上处于"涂鸦期",他们喜欢随意画画、撕纸、玩泥。3.5 岁左右进入"象征期",幼儿尝试利用涂鸦时掌握的简单形状进行表现。由于手部肌肉发育还不够成熟,认识能力有限,这个阶段的幼儿还不能通过手工有目的地制作出形象。

幼儿对鲜明而有特点的节奏、音响和舞蹈律动有浓厚的兴趣,节奏性活动是幼儿阶段主要的音乐活动。

幼儿的发声器官稚嫩,尚在发育初期,听觉分辨能力的发展是一个逐渐精细的过程,因此,他们开始唱歌时往往不易唱准音调,且音域较窄。

幼儿喜欢听故事、讲故事,喜欢聆听和朗读节奏鲜明、有韵律的歌谣,喜欢看变化多样和色彩鲜明的动画片、木偶剧与儿童剧,喜欢在游戏中再现和表演他们感兴趣的人物表情、动作和活动场面,表演时又在不断求新和创造。

幼儿艺术能力的发展存在较为明显的个体差异。幼儿自发的艺术活动既体现着他们的兴趣、爱好和现有水平,也显示出他们在某种活动中的天赋和潜能。

(二) 3~4 岁幼儿艺术领域课程的重点内容

1. 广泛接触和感知生活中和自然界的美好事物。

2. 感知和欣赏多种多样的艺术形式和艺术作品,包括图画、雕塑、手工艺,以及音乐、舞蹈、戏剧等。

3. 在多种形式的表现活动中操作与年龄相适宜的多种美工材料、简单乐器、表演道具,体验各种艺术材料的特点和用途,通过自己的动作、表情、语言等多种形式表达自己的经验和感受。

4. 利用身边物品、废旧材料制作各种玩具、工艺装饰品,体验创造的乐趣。

5. 在多种形式的表演和作品展示活动中体验成功感,并围绕艺术活动过程和成果相互交流、相互理解、相互欣赏,增强对艺术活动的信心。

四、艺术领域课程实施的基本原则

幼儿园艺术领域的课程实施应遵守以下几个原则。

(一)注重艺术教育的综合性

幼儿园艺术教育的实施途径是多样的。例如,在日常生活中观察自然界和生活事物中的美、区角活动中的创作、艺术领域的专门教育活动等。因此,艺术教育的实施要综合考虑环境布置、教育内容、教育材料、活动形式、教育过程,为幼儿提供具有美感的感知素材和环境,整合幼儿园、家庭、社区、大自然、网络等一切可利用的教育资源,为幼儿进行艺术发现、欣赏、表现、创造提供适宜的条件与机会,并将艺术领域的活动与社会、科学、语言、健康等其他领域的活动进行适当整合。

(二)营造宽松的活动氛围

艺术领域的活动伴随丰富的情感体验,也需要幼儿进行大胆的想象和创造,这需要一种放松的心理状态。因此,在提供多种形式艺术活动材料的基础上,还需营造宽松的活动氛围,鼓励幼儿大胆尝试,用不同的方式操作各种艺术材料和器具,按照自己的想法制作艺术作品。

(三)尊重并鼓励幼儿自己的感受和体验

艺术领域的活动要体现幼儿主动参与、亲身实践的特点。因此,要鼓励并指导幼儿根据自己的需要和兴趣选择活动材料、主题、形式,并进行自我构思、创作、评价。

幼儿以具体形象思维为主,需要借助多种感官对客观事物进行认识。因此,在艺术欣赏活动中要鼓励幼儿充分调动自己的感官,整体感知事物的特点,结合感知经验展开联想和想象,用自己喜欢的方式表现由感知经验引发的情绪体验。在艺术表现活动中,充分调动幼儿的感知经验,鼓励他们用自己喜欢的艺术形式将自己的记忆和感受表现出来。

(四)恰当评价幼儿的艺术作品和艺术活动表现

在评价时多考虑幼儿在活动过程中的尝试和努力,关注每个幼儿的独特感受,对其艺术表现给予充分的肯定和鼓励,使幼儿在艺术活动中获得成就感,培养其参与艺术活动的信心。同时,教师可以通过表达自己感受的方式来引导幼儿提高其艺术表现力,如:"你的画用了这么多红颜色,感觉就像过年一样喜庆。""你扮演的大灰狼声音真像,要是表情再凶一点就更好了。"等等。

五、幼儿园小班艺术领域课程实施要点(表2-12)

表2-12　幼儿园小班艺术领域课程实施要点

目标	3~4岁幼儿表现	观察要点	指导要点	教育建议
1. 喜欢自然界与生活中美的事物	1. 喜欢观看花草树木、日月星空等大自然中美的事物。 2. 容易被自然界中的鸟鸣、风声、雨声等好听的声音所吸引。	1. 幼儿在观察自然的活动中是否跟随教师参与活动。 2. 幼儿是否喜欢接触自然界与生活中美的事物。 3. 在感受自然和生活事物的过程中,幼儿是否表现出喜悦、享受等情绪状态。 4. 幼儿能否用简单的语言、动作、表情等再现自然和生活事物并表达自己的观察感受。	1. 引导幼儿运用多种感官感知自然事物美的方面,如颜色、形状,音色、强弱、对比鲜明的节奏等。 2. 引导幼儿用简单的语言、动作等方式表达自己对自然和生活中美的事物的初步理解和感受。	1. 带幼儿到大自然中,接触常见的、形象突出的、色彩鲜明的自然事物;引导幼儿在生活中观察和体验,如在不同季节观察树叶的颜色和形状等。 2. 在观察活动中与幼儿一起讨论和交流对美的感受;支持幼儿用自己的方式表达对美的感受。 3. 支持幼儿收集喜欢的物品并和他们一起欣赏。

目标	3~4 岁幼儿表现	观察要点	指导要点	教育建议
2. 喜欢欣赏多种多样的艺术形式和作品	1. 喜欢听音乐或观看舞蹈、戏剧等表演。 2. 乐于观看绘画、泥塑或其他艺术形式的作品。	1. 幼儿在各种艺术欣赏活动中是否跟随教师参与活动。 2. 幼儿是否愿意接触各种不同的艺术形式和作品,并在艺术欣赏活动中表现出喜悦、享受等情绪状态。 3. 幼儿能否用简单的语言、动作、表情等初步表达对艺术作品的理解和感受。	1. 引导幼儿感受短小歌曲和有主题的乐曲及美术作品里的形象、内容、情感。 2. 通过对比使幼儿分辨音乐中明显的高低、快慢、强弱、节拍等。 3. 引导幼儿发现艺术作品与周围熟悉事物之间的联系。 4. 鼓励幼儿用动作、表情等方式大胆表达自己欣赏后的感受。	1. 创设可供幼儿感知和欣赏的艺术环境和氛围,使幼儿有机会接触常见的艺术形式和作品。 2. 在有条件的情况下,带幼儿去剧院、美术馆、博物馆等专业场馆欣赏文艺表演和艺术作品。 3. 观察和了解每位幼儿的兴趣和独特感受,理解和接纳幼儿在欣赏艺术作品时的手舞足蹈、即兴模仿等行为。 4. 当幼儿主动介绍自己喜爱的舞蹈、戏剧、绘画或工艺品时,耐心倾听并给以积极回应和鼓励。
3. 喜欢进行艺术活动并大胆表现	1. 经常自哼自唱或模仿有趣的动作、表情和声调。 2. 经常涂涂画画、粘粘贴贴并乐在其中。	1. 是否结合生活经验尝试改编自己熟悉的简单歌曲里的人物、动作等。 2. 在艺术创作和表现活动中是否跟随教师参与活动,并有喜悦的表情。	1. 鼓励幼儿尝试用自己的肢体动作、表情、声音、语言等表现自然、生活事物,以及艺术欣赏经验。 2. 鼓励幼儿自主选择并用自己喜欢的方式操作各种美术活动材料,尝试创作多种艺术作品。 3. 鼓励幼儿尝试	1. 提供便于幼儿取放的材料、工具和物品,创造机会和条件,支持幼儿自发的艺术表现和创造。 2. 经常和幼儿一起唱歌、表演、绘画、制作,共同分享艺术活动的乐趣。 3. 营造安全的心理氛围,了解和倾听幼儿艺术表现的想法和感受,尊重幼儿的创作意图,让幼儿敢于并乐于表达和表现。

续表

目标	3~4岁幼儿表现	观察要点	指导要点	教育建议
3. 喜欢进行艺术活动并大胆表现		3. 是否尝试运用常见的材料和道具进行艺术表现。 4. 艺术作品的多样性和独特性。	运用乐器、道具、服饰等进行音乐或戏剧表演。	4. 为幼儿提供简单、易操作、不影响活动进程的道具,如头饰、服装、纱巾等,引导和鼓励幼儿在音乐或戏剧表演中尝试运用这些物品。 5. 对幼儿自发的表现和创造给以肯定和鼓励。在幼儿自主表达与创作的过程中,不做过多干预或把自己的意愿强加给幼儿,在幼儿需要时再给以具体的帮助。 6. 展示幼儿的作品,用幼儿创作的艺术作品布置教室环境。
4. 具有初步的艺术表现与创造能力	1. 能模仿学唱短小歌曲。 2. 能跟随熟悉的音乐做身体动作。 3. 能用声音、动作、姿态模拟自然界的事物和生活情景。 4. 能用简单的线条和色彩大体画出自己想画的人或事物。	1. 唱歌时是否声音自然。 2. 听音乐时是否能有相应的反应。 3. 在教师的指导下是否能正确操作常见的打击乐器。 4. 是否能用声音、动作、姿态等模拟自然界的事物和生活情景。 5. 是否能用简单的线	1. 引导幼儿感受歌曲中人物或小动物的心情,带着相应的表情,用自然的声音,跟随伴奏歌唱。 2. 引导幼儿跟随音乐节奏、结构、轻重、强弱等变化变换自己的动作。 3. 引导幼儿通过观察和模仿学习简单的舞蹈动作。 4. 引导幼儿在各种表演活动中选择和使用相应的道具。 5. 引导幼儿认识常见的简单打击乐器并鼓励他们尝试操作。	1. 提供丰富的材料,如图书、照片、绘画、音乐等,鼓励幼儿自主选择,并用自己喜欢的方式模仿和创作。 2. 引导幼儿使用自然和生活材料进行拼贴,制作简单玩具及物品。 3. 根据幼儿的生活经验,与幼儿共同确定艺术表现的主题,引导幼儿围绕主题展开想象,进行艺术表现。 4. 在美术和表演活动中允许并鼓励幼儿按照自己的想法开展活动,不要求幼儿完全按照范画或示范表演来绘画或表演。 5. 在教唱歌时借助形象的手段帮助幼儿感知歌曲内容,结合歌曲的特点指导幼

续表

目标	3~4岁幼儿表现	观察要点	指导要点	教育建议
4. 具有初步的艺术表现与创造能力		条和色彩大体画出自己想画的人或事物。	6. 引导幼儿认识和学习使用蜡笔、油画棒、水彩笔、纸、棉签、印章、颜料等工具材料来绘画。 7. 引导幼儿在游戏中学习点、线、圆形、方形和简单物体的画法及涂色方法。 8. 引导幼儿认识常见的基本色彩,大胆使用自己喜欢的颜色进行创作。 9. 引导幼儿运用撕纸、粘贴、拓印、点画、印染等方法表现事物特征。	儿发声。 6. 通过多种形式对幼儿的艺术表现活动进行鼓励和赞赏,肯定幼儿作品的优点。例如,教师针对幼儿的艺术创作过程和作品特点给以积极的语言评价,经常组织作品展示或音乐、戏剧展演活动,将幼儿的艺术作品或表演融入日常生活,等等。 7. 组织幼儿独立或与同伴一同进行文艺表演活动,引导幼儿有秩序地表现自我。

六、主要参考资料

本内容框架以《指南》为主要依据,同时,在大量参考相关研究成果的基础上对《指南》内容进行细化而形成。主要参考书目有:

[1] 许卓娅.学前儿童音乐教育[M].北京:人民教育出版社,2010.

[2] 王惠然.学前儿童艺术教育[M].北京:北京师范大学出版社,2014.

[3] 刘晓琴,白文红.综合美术园本课程活动设计[M].北京:电子工业出版社,2014.

第三章
教育活动设计模板及案例

  第二章的"课程内容框架",目的在于帮助年轻教师对《指南》有更具体的了解,从而将《指南》的要求、幼儿发展以及自觉的教育活动建立起关联,进一步明确幼儿教师及幼儿园教育活动的地位、意义与价值。

  当然,思想认识只有转化为实际行动,才有意义。幼儿园教育的整体性、活动性、日常性决定了教师的每一个行动、每一句话,都可能影响幼儿的健康成长,容不得有纰漏。因此,幼儿园教育活动必须整体着眼、精心设计,每一个活动都必须在整体教育活动中占有一定的位置、起到一定的作用,与其他活动共同形成整体,体现连续性、顺序性和整合性。"教育活动设计模板"就是依据这样的思路提出的。我们希望通过教育活动设计模板的各个要素,帮助教师尤其是年轻教师,整体思考每一个教育活动的教育意义,理解幼儿现有的经验水平,提出明确、可实现、可评测的活动目标,并能够依据活动目标去设计和准备恰切的环境和材料,设计出能够体现活动目标的活动过程,从而保证自己能够"胸有成竹"地引领幼儿开展有意义的活动,同时也使自己能在每一个活动中得到启发和成长。

第一节　教育活动设计模板开发说明及模板

一、教育活动设计模板开发说明

幼儿园教育活动设计模板(以下简称"模板")旨在为新入职的、教育经验不足的年轻教师提供最基础的帮助。

模板的开发,旨在切实提升幼儿园教育质量、促进幼儿园教师的专业发展。我们在调研中发现,教师们虽然能够依据《指南》设计教育活动,也能够自觉参照相应的参考资料,但教育活动质量却并不高。教育活动设计与指导存在两种倾向:要么简单照搬小学教育的做法,无端提高难度,导致教育活动枯燥、乏味,不符合幼儿的年龄特点及发展需求,小学化倾向严重;要么追求平庸的快乐,辗转于各种活动主题而不知活动的目的,不顾幼儿的发展需要,平庸、片面、低俗。幼儿园教育活动的问题,主要表现在以下几个方面。

(1) 教育活动目标不明确、不具体、不细致。

(2) 教师很难确定如何把目标转化为幼儿的具体活动,更难确定什么样的活动能够实现目标。

(3) 不能把握和转化活动的重点、难点,"眉毛胡子一把抓",手忙脚乱。

(4) 对于幼儿的已有经验与当前活动的关系把握得不到位,活动或流于低水平,或任意拔高,不能很好地提升幼儿的经验以促进幼儿的发展。

(5) 活动的材料准备虽然丰富,但对材料在教育活动中的意义认识不足,挖掘不够,不能充分发挥材料的教育价值。

(6) 对于教育活动的效果评价及此次活动与其他活动之间的关系认识不足,教育活动孤立、零散、碎片化严重,难以构成整体的、强有力的、有价值的、有意义的教育活动系列。

基于此,我们开发了"幼儿园教育活动设计模板",以帮助教师将《指南》具体化、细目化、活动化,把《指南》变为一个个具体的教育活动,使每一个教育活动都是有目的、有计划的、并且充分展开的有意义的活动。在这个过程中,我们力图帮助年轻教师自觉成长、持续提升,从而让幼儿过上有意义、有价值的自觉生活。

幼儿园教育活动应为幼儿的有意义、有价值的生活而自觉展开。那么,这样的教育活动应该是什么样的? 如何展开? 如此,便要追问,这样的教育活动应该如何设计? 或者说,如何设计才能使幼儿园的活动真正成为有意义、有价值的教育活动? 教师在设计时需要思考哪些问题,做哪些准备?

为便于幼儿园教师使用模板进行思考和设计,我们从幼儿园教育活动的内外表现形态来切入模板的设计。例如,所有的活动都有"活动名称",有辅助活动展开的"材料""教具",有活动展开的"过程"。模板设计使这些常见的教师们每天都在说、每天都在做的活动,展现出自觉的可反思的意义。

模板一般由"活动名称""设计依据""活动目标""活动重点""活动难点""经验准备""环境和材料""活动过程""活动评价""活动延伸"等板块构成。这些板块从"活动名称"到"活动内容"(重点、难点),从"目标"到"过程"再到"评价""延伸",从幼儿的"经验准备"到"环境和材料",涵括了幼儿园教育活动的全过程,引导教师从可见的活动入手,思考活动背后的意义,做好充足的准备;引导教师规范地进行教育活动设计与思考,从而保障教育活动能够达到基本水平。因此,在我们所设计的模板里,每一个板块都有细节性文字解释、描述与示例,以引导教师进行思考、设计和反思。

其中,"活动过程"又展开为"步骤""教师指导""幼儿活动""活动意图"等几个方面,引导教师进行细致的活动设计。通过反复多次的参与式教研活动显示,这一模板有极强的实操价值,对于教师自觉进行课程设计有极大的帮助。

二、教育活动设计模板

模板见表 3-1。

表 3-1　教育活动设计模板

班级：　　　　执教教师：　　　　配班教师：

活动名称			
设计依据			
活动目标			
活动重点			
活动难点			
经验准备 （可选项）			
环境和材料			
活动过程			
步骤	教师指导	幼儿活动	活动意图
活动评价			
活动延伸			

表 3-2 是对模板的说明。

表 3-2 教育活动设计模板（说明）

班级： 执教教师： 配班教师：

活动名称	教师在确定活动名称时，要明确活动名称应该包括两个部分： 1. 情境主题名称，如"小羊过生日"，这是向幼儿展示的活动名称，形象、生动，目的在于引发幼儿的关注与兴趣。 2. 活动内容的内在主题名称，如健康领域的"平衡能力"。
设计依据	教师对活动设计是否有清晰的认识，集中表现在能否说出活动设计的依据。也就是说，活动设计不是任意的、模仿的，而是自觉的、有根据的。 活动设计依据至少包括四个部分： 1.《指南》依据。 2. 幼儿的经验分析依据。即设计应依据对幼儿相关经验进行分析的基础上提出。当下的教育活动应是对幼儿相关经验的纠正、弥补、扩展或提升。 3. 文本分析依据。例如，如果选取某一本绘本开展活动，就必须对此绘本进行分析，说明选用此绘本的理由。 4. 活动系列依据。即说明与学期计划、系列活动、主题活动或其他领域的关联，说明当下教育活动在整体活动中的作用与价值，即对幼儿发展的作用与价值。
活动目标	教师在表述活动目标时，常犯两种错误： 1. 以教师为主语，陈述教师所做的工作，而不言明幼儿要做什么。 2. 只说明教育活动本身的内容是什么，却不说明幼儿学习这项内容后应该发生怎样的变化。 因此，在表述活动目标时，需要注意以下几点： 1. 始终以幼儿为主语来表述。 2. 陈述幼儿应发生的变化，如知道了什么、能做什么、体会到什么，等等。 3. 目标陈述要详细、具体，能够作为评价的根本依据。
活动重点	活动重点即活动内容系统本身的关键点，往往也是幼儿学习与发展的关键点。教师需要整体把握活动内容，从而抓准活动内容的关键点。
活动难点	活动难点即幼儿在当前教育活动中所遇到的困难。 在设计教育活动时，需要注意三点： 1. 结合具体内容分析、预测幼儿可能遇到的困难，以便设计恰当的措施帮助他们化解困难。 2. 充分考虑幼儿的个体差异，预测不同幼儿可能面临的不同难点。 3. 在预测难点时，要特别关注幼儿在情感、态度方面可能遇到的困难，而不仅仅想到知识方面的困难。

经验准备 (可选项)	在开展教育活动之前需要幼儿做哪些准备活动,如区角活动、日常生活中的观察等。(即将活动向前延伸,渗透到日常活动中。)
环境和 材料	环境和材料是教育活动的重要组成部分,发挥着重要的作用。 需要注意几点: 1. 体现情境性的环境创设和材料准备。 2. 材料的准备应该立足对活动难点的分析。 3. 对材料的描述应具体、详细,如材料的特征、材料的功能、本次活动使用这个材料的目的等。

活动过程			
步骤	教师指导	幼儿活动	活动意图
简要描述教育活动的重要环节	在教育活动的步骤中应该体现以下几点: 1. 要根据幼儿的思路进行指导。 2. 着重在活动难点处进行突破、指导。 3. 教师在教育活动开始之前要有教育活动设计,但在教育活动的进行过程中应根据幼儿的具体表现灵活调整、及时互动。	从活动设计的角度,提出: 1. 幼儿需要参与的活动。 2. 预测幼儿可能出现的活动(可选择)。	教师的指导和幼儿的活动要有机结合;要说明某个活动的功用,以及在幼儿发展中的作用。
活动评价	评价一定要依据活动目标进行: 1. 通过观察幼儿的重点行为、活动,来说明教育活动的成效。 2. 对教育活动的重点环节进行观察、评价。 3. 对幼儿的作品进行评价。 4. 评价时关注幼儿的个体差异。 5. 总结评价要点。		

活动延伸
强调活动之间的关联,说明本活动可能有的后续活动,包括区域活动的延伸、主题活动的延伸以及与其他领域活动的联系。

第二节　幼儿园小班教育活动案例

　　为了帮助幼儿园教师们根据教育活动设计模板来对教育活动做深入、细致的思考,我们根据几所项目幼儿园的资源,与参与项目研究的实验教师共同研究、探讨编写了一些教育活动案例。这些案例也许不是最优秀的,但教师们在设计时的思考过程以及案例实践的过程是有启发意义的,尤其是设计及实施过程中需要注意的基本要素,在这些案例中都有体现。对于年轻教师来说,这些案例有助于他们更快地理解和把握幼儿园教育活动。

一、健康教育活动:我和小羊做游戏——收牧草

健康教育活动
实录

(一)活动设计

　　　班级:小一班　　　执教教师:三里屯幼儿园　肖梦然　　　配班教师:宋君

活动名称	我和小羊做游戏——收牧草(健康:骑在羊角球上向前行进跳)
设计依据	1.《指南》健康领域"动作发展"部分对小班幼儿提出以下目标要求:"具有一定的平衡能力,动作协调、灵敏。"具体表现为:要能沿地面直线或在较窄的低矮物体上走一段距离;能双脚灵活交替上下楼梯;能身体平稳地双脚连续向前跳;分散跑时能躲避他人的碰撞;能双手向上抛球。"骑在半角球上向前行进跳"能够帮助幼儿集中培养平衡能力、动作协调能力及使动作协调、灵敏等。 　　2. 幼儿已有过在羊角球上运动的初期经验;了解小羊的基本生活习性。本次活动鼓励幼儿骑在羊角球上向前行进跳,运动中不从羊角球上掉下来。 　　3. 小班幼儿喜欢颜色鲜艳的大玩具,喜欢游戏,但他们的平衡能力、腿部力量较弱,身体协调性差。因此,我们选择漂亮的羊角球,以"和小羊做游戏"为载体,开展骑在羊角球上向前行进跳的体育活动。 　　4. 在本学期系列活动"我与小动物做游戏"中,我们已开展了诸如"老猫睡觉醒不了""小动物找家""小蚂蚁搬家"等游戏,这为幼儿学习骑羊角球向前行进跳做了铺垫。
活动目标	1. 基本掌握骑羊角球的方法:(1)跳时手抓紧羊角球,保持身体平衡;(2)腿部用力蹬地向前跳。 　　2. 喜欢参加体育游戏,在游戏中不怕困难、坚持到底。

活动重点 (可选项)	骑在羊角球上不掉下来,身体保持平衡。		
活动难点	1. 掌握骑羊角球的方法。 2. 骑在羊角球上,连续蹬地向前跳。		
经验准备 (可选项)	1. 活动前,幼儿对羊角球的特性有认知经验。 2. 已有过在羊角球上运动的初期经验。		
环境和 材料	1. 羊角球:24 个(幼儿人手一个,大小以幼儿骑在羊角球上双脚能够落在地面上为宜)。 2. 粘布服:24 件(胸前能够粘住东西的背心每人一件)。 3. 拉花:短拉花 2 根(每根 1 米),长拉花 3 根(3 根短拉花相连成 1 根)。 4. 平衡木:4 根长(每根长约 1.5 米,宽 20 厘米,高 25 厘米),3 根短(每根长约 1.2 米,宽 20 厘米,高 25 厘米)。 5. 锥形桶:10 个(摆成弯曲小路)。 6. 牧草:30 棵(可粘在粘布服上)。 7. 跨跳板:10 个(摆成直路)。 8. 背景音乐:曲一《郊游真快乐》;曲二《豆豆龙》;曲三《花仙子之歌》。		
活动过程			

步骤	教师指导	幼儿活动	活动意图
开始部分	教师带幼儿进行准备活动。 (1) 导入:今天天气真好,我们一起出去活动活动吧! (2) 播放曲一《郊游真快乐》。 　音乐第一段:走——上山坡——下山坡——高人走——矮人走——走走走,跳,走走走,跳。 　音乐第二段:走——爬过小树林——跳过小石头——走走走,跳,走走走,跳。 　音乐第三段:走——摘果子——来到羊圈。 　重点:下肢准备活动。	模仿教师做动作。随音乐(曲一)跟随教师做向前走,弯腰走,垫脚走,蹲着走,手膝爬,走平衡木,跳等动作,以及朝着一个方向推、拉羊角球跑。	引导幼儿跟随教师一起进行准备活动。

活动过程			
步骤	教师指导	幼儿活动	活动意图
开始部分	在提示动作时,简明扼要;对动作不到位、能力较弱的幼儿给予鼓励。		
基本部分（中间）	带领幼儿进一步热身并关爱"小羊"。 师:孩子们,想没想小羊啊?我们快抱一抱它们,跟它们一起做做游戏吧! 师:谁能让小羊跳得高一些?(拍得轻,跳得低;拍得重,跳得高!) 我们边拍边数,5,4,3,2,1…… 师:孩子们,想想我们还能和小羊怎么玩呢? 师:我们来推着小羊跑一跑吧,让它也运动起来!啊,小羊跑得真快啊!那现在,我们带着小羊去山坡那边看看吧,那里阳光多。 注意提醒幼儿:推着"小羊"跑时要注意安全,千万不要撞到啊! 师:我们带着小羊去草原上玩一玩、跳一跳吧!小腿用力蹬起来。谁的小腿更有劲儿? (播放曲二《豆豆龙》。) 师:孩子们,你们快看,前面那片草地里有很多带刺的草,你们一定要小心,不要扎到小羊的屁股了。 教师带领幼儿骑着"小羊"跳过带刺的小草草丛。(绕场一周。)	幼儿在教师创设的情境下抱抱、拍拍自己的"小羊"。 幼儿拉着"小羊"的犄角跑,也可以推着"小羊"跑,还可以背一背、拍一拍、荡一荡…… 朝着一个方向推、拉羊角球跑。 幼儿自己上球,跟着教师,跳着行进并通过荆棘丛。	幼儿尝试羊角球的多种玩法。 幼儿巩固1—5的数字唱数和拍球练习。 让幼儿充分体验、感受羊角球的特性,以及在情感上激发幼儿和"小羊"一起做游戏的兴趣。 引导幼儿在活动中注意安全。

活动过程			
步骤	教师指导	幼儿活动	活动意图
基本部分 (中间)	教师组织幼儿坐在球上休息,引导孩子们分享发现。(幼儿调整呼吸。) 　　师:你们玩得开不开心啊? 刚才有没有掉下来的小朋友? 有没有刺到小羊的屁股? 　　教师总结:双手抓住小羊角,屁股坐在小羊上,双脚用力跳起来,小羊落地不摇晃! 　　游戏:"收牧草"—— 　　师:秋天到了,小羊为了更好地过冬,要储备一些粮草。山坡上的粮草可肥了,我们骑着小羊上山坡收草吧! 　　教师带着幼儿骑着"小羊"上山坡去收草料。 　　师:回羊村家的路可远了,要跳过带刺的草丛,推着小羊下山坡,跳弯曲的小路,还要走过小桥,我们一定要跟好队伍,别掉队! 　　教师和幼儿一起做游戏。	尝试说出骑在"小羊"身上跳跃的动作要领。 　　认真倾听教师梳理游戏经验。 　　学习儿歌: 　　双手抓住小羊角, 　　屁股坐在小羊上, 　　双脚用力跳起来, 　　小羊落地不摇晃! 　　再次体验骑在羊角球上向前行进跳的动作。 　　听清教师的语言指令,按规则游戏;会看场地路线。	用儿歌内容引导幼儿掌握骑羊角球的方法,并给予个别指导。提醒幼儿注意把握动作要领,鼓励他们坚持到底。 　　设置游戏情节,鼓励幼儿:(1)骑在羊角球上不掉下来,身体保持平衡;(2)骑在羊角球上,连续蹬地向前跳。给予个别幼儿鼓励和指导。

续表

活动过程			
步骤	教师指导	幼儿活动	活动意图
结束部分	1. 放松活动:小羊陪着我们玩了一天了,我们快谢谢小羊吧! 2. 教师带领幼儿听着音乐(播放曲三《花仙子之歌》)做律动,和"小羊"一起跳舞,退场。	1. 坐在羊角球上休息,会使用礼貌用语表示对"小羊"的感谢。 2. 幼儿随音乐进行律动;休息(锤锤腿,捏捏胳膊,摇来摇去),并与教师做律动放松。	表扬、鼓励幼儿有礼貌并且能坚持完成游戏,很勇敢;引导幼儿放松肌肉。
活动延伸			
1. 在开展日常户外活动时投放羊角球,供幼儿随时玩耍。 2. 在开展户外体育活动时,创设羊角球过障碍的区域,增加游戏难度。 3. 也可开展有关羊角球运动的亲子体育游戏。			

(二) 活动形成说明

三里屯幼儿园　　肖梦然

【活动意图】

让幼儿初步掌握一些常见的中、小型运动器材的操作方法,并在游戏中发展出一定的平衡、协调能力,这是 3~4 岁幼儿教育活动的一项重要任务。

"我和小羊做游戏——收牧草"这个教育活动属于健康领域,重点在于发展幼儿的平衡能力、跳跃动作的协调性与灵活性。

由于幼儿喜爱大的、颜色鲜艳的活动材料,还喜爱拟人化的游戏,因此本次教育活动将羊角球拟成孩子们喜欢的小动物,设计了体育游戏——"我和小羊做游戏",使孩子们的身心在快乐的游戏中得到发展。

这个游戏还关联其他几大领域:语言领域,体现在幼儿与教师语言互动以及教师运用儿歌帮助幼儿总结运动经验;社会领域,体现在游戏中习得礼貌用语、交往能力与培养不怕困难等意志品质;艺术领域,活动前后用肢体感知音乐的旋律与节拍;科学领域,培养初步的观察、判断能力。

(三) 活动过程实录

三里屯幼儿园　肖梦然

一、对于本次教育活动的认识

(一) 教育活动来源

一天户外活动时,一些色彩鲜艳的羊角球引起了孩子们的兴趣,孩子们纷纷跑过去。"孩子们,你们可以摸一摸、玩一玩,看看它像什么小动物。""它有两个角,像小羊;它能跳起来;它软软的;我能骑着它;我能拍它;还能踢它玩……"孩子们高兴地玩着,教师鼓励大家与"小羊"一起做着各种游戏。

(二) 本次教育活动在幼儿园教育活动体系中的位置

这个教育活动属于健康领域,体现了该领域的核心价值,即发展幼儿的平衡能力、跳跃动作的协调性与灵活性。本次教育活动是"我与小动物做游戏"系列活动之一。幼儿喜爱大的、颜色鲜艳的活动材料,还喜爱拟人化的游戏,本次教育活动将羊角球拟成孩子们喜欢的小动物,使幼儿的身心在快乐的游戏中得到发展。本次教育活动还关联了其他几大领域。

(三) 教育价值

对应《纲要》对小班健康领域的内容与要求有:"开展丰富多彩的户外游戏和体育活动,培养幼儿参加体育活动的兴趣和习惯,增强体质,提高对环境的适应能力。""用幼儿感兴趣的方式发展基本动作,提高动作的协调性、灵活性。"本次教育活动让幼儿掌握骑羊角球向前行进跳的动作,发展腿部力量;活动由易到难,具有层次性,并让幼儿喜欢参加体育活动,在游戏活动中不怕困难,能坚持到底,从而促进幼儿的身心发展。

二、活动准备

(一) 经验准备

1. 活动前,幼儿对羊角球的特性有认知经验。

2. 已有过在羊角球上运动的初期经验。

(二) 环境和材料

1. 环境(图 3-1)

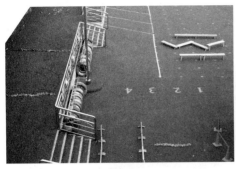

全景图

场地图

直路障碍图

弯路障碍图

图 3-1 环境图

2. 材料

(1) 羊角球:24 个(幼儿人手一个,大小以幼儿骑在羊角球上双脚能够落在地面上为宜,图 3-2)。

幼儿用球

教师用球

图 3-2 羊角球

（2）粘布服：24 件（胸前能够粘住东西的背心每人一件，图 3-3）。

图 3-3　粘布服

（3）拉花：短拉花 2 根（每根 1 米），长拉花 3 根（3 根短拉花相连成 1 根）（图 3-4）。

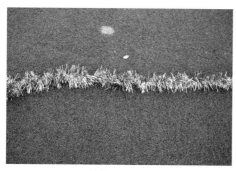

带刺的草（长）　　　　　　　　　　　　　带刺的草（短）

图 3-4　拉花

（4）平衡木：4 根长（每根长约 1.5 米，宽 20 厘米，高 25 厘米），3 根短（每根长约 1.2 米，宽 20 厘米，高 25 厘米）（图 3-5）。

（5）锥形桶：10 个（摆成弯曲小路，图 3-6）。

（6）牧草：30 棵（可粘在粘布服上，图 3-7）。

（7）跨跳板：10 个（摆成直路，图 3-8）。

图 3-5　平衡木　　　　　　　　图 3-6　用于设置障碍(弯曲小路)

图 3-7　用织布做成的绿色牧草　　　图 3-8　用于设置障碍(直路)

3. 背景音乐

曲一《郊游真快乐》;曲二《豆豆龙》;曲三《花仙子之歌》。

三、活动过程

(一)开始部分:情境引入

今天天气真好,我们一起去森林里做游戏吧! (图 3-9。)

图 3-9　情境引入

1. **活动目的**:引导幼儿跟随教师一起进行准备活动,并进行下面的游戏。

2. **幼儿活动**:模仿教师做动作。伴随音乐(播放曲一《郊游真快乐》)教师带领幼儿做向前走,弯腰走,垫脚走,蹲着走,手膝爬,走平衡木,跳等动作;在提示动作时,简明、扼要;对动作不到位、能力较弱的幼儿给予鼓励。

3. 音乐:曲一《郊游真快乐》

音乐第一段:走——上山坡——下山坡——高人走——矮人走——走走走,跳,走走走,跳。

音乐第二段:走——爬过小树林——跳过小石头——走走走,跳,走走走,跳。

音乐第三段:走——摘果子——来到羊圈

重点:下肢准备活动。

(二)基本部分(中间)

1. 活动 1

活动目的:带领幼儿进一步热身并关爱"小羊"。

幼儿活动:做准备活动后发现"小羊",是为了方便幼儿充分活动身体,同时也为此次活动增添神秘感。

师:"孩子们,想没想小羊啊? 我们快抱一抱它们,跟它们一起做做游戏吧!"(幼儿取球,图 3-10。)

图 3-10　幼儿取球

2. 活动 2

活动目的:幼儿尝试羊角球的多种玩法,讨论怎样和"小羊"一起做游戏。教师和幼儿一起集体讨论,让幼儿了解可以用很多方法跟"小羊"做游戏。通过自主的尝试,让幼儿进行探索;让幼儿通过观察、模仿等方法进行游戏。

幼儿活动:教师针对球的外形特征提出大胆尝试与猜想,引导幼儿自己尝试探索游戏。下面就是幼儿在户外活动时自主探索的活动。

师:"谁能让小羊跳得高一些?"

拍得轻,跳得低,拍得重,跳得高!

我们边拍边数,5,4,3,2,1…(数学认知)

3. 活动 3

活动目的:尝试用羊角球发掘多种玩法。教师在幼儿探索的过程中,要提出不同的问题,帮助幼儿自己尝试。

幼儿活动:自主探索羊角球玩法;如可以骑、推、拉、背、抱着等。

师:"孩子们,想想我们还能和小羊怎么玩呢?"

(幼儿尝试对羊角球多种玩法。)

4. 活动 4

活动目的:教师在幼儿探索的过程中,要提出不同的问题,帮助幼儿尝试。让幼儿倾听问题,体验后回答,并学习儿歌。

幼儿活动:尝试坐在"小羊"身上。学习儿歌:

　　　双手抓住小羊角,

　　　屁股坐在小羊上,

　　　双脚用力跳起来,

　　　小羊落地不摇晃!

师:"坐在小羊哪里不会掉下来?"

(幼儿尝试回答并做练习。)

5. 活动 5

活动目的:感受并体验骑"小羊"、和"小羊"一起做游戏的乐趣。设置游戏情节,鼓励幼儿:(1)骑在羊角球上不掉下来,身体保持平衡;(2)骑在羊角球上,连续蹬地向前跳。

幼儿活动：进一步感受动作，听取教师总结动作要领的儿歌，并自己进行尝试。

师："我们带着小羊去草原上玩一玩、跳一跳吧。""小腿用力蹬起来。""谁的小腿更有劲儿？"

（播放曲二《豆豆龙》。）

师："孩子们，你们快看，前面那片草地里有很多带刺的草，你们一定要小心，不要扎到小羊的屁股。"

教师带领幼儿骑着"小羊"跳过带刺的小草草丛。（绕场一周。）

6. 活动 6

活动目的：教师组织幼儿坐在球上休息（图 3–11），引导孩子们分享发现。

图 3–11　幼儿休息

幼儿活动：调整呼吸。（变成大胖子——吸；变成小瘦子——呼。）

师："你们玩得开不开心啊？刚才有没有掉下来的小朋友？有没有刺到小羊的屁股？"

教师总结："双手抓住小羊角，屁股坐在小羊上，双脚用力跳起来，小羊落地不摇晃！"

7. 活动 7

活动目的：幼儿跟随教师游戏，充分锻炼腿部力量与平衡能力，喜欢、乐意帮助需要帮助的人，并在游戏过程中面对障碍物勇敢前进。

幼儿活动：在教师的引导和鼓励下，幼儿小腿用力蹬地，坚持回到"羊村家"储备粮草。

8. 活动 8

游戏："收牧草"——

师："秋天到了，小羊为了更好地过冬，要储备一些粮草。山坡上的粮草可肥了，我们骑着小羊上山坡收草吧！"

教师带着幼儿骑着"小羊"上山坡去收草料（图 3-12）。

图 3-12　骑着"小羊"上山坡

师："回羊村家的路可远了，要跳过带刺的草丛，推着小羊下山坡，跳弯曲的小路，还要走过小桥，我们一定要跟好队伍，别掉队！"

教师和幼儿一起做游戏。

（三）结束部分

活动目的：对幼儿进行礼貌教育，并做放松活动。

幼儿活动：幼儿坐在羊角球上休息，会使用礼貌用语表示对"小羊"的感谢；随音乐进行律动；休息（捶捶腿，捏捏胳膊，摇来摇去），并与教师做律动放松。

师："小羊陪着我们玩了一天了，我们快谢谢小羊吧！"

教师带领幼儿听着音乐（播放曲三《花仙子之歌》）做律动，和"小羊"一起跳舞，退场（图 3-13）。

图 3-13　幼儿退场

（四）专家评议（郭华）

此次教育活动的优点是非常明显的。从教育活动的效果来看,幼儿在骑羊角球运动技能方面有很大进步:能做到两手用力抓住羊角,屁股坐在靠近羊角的球面上,双脚同时用力蹬地,向前跳时能基本保持身体平衡。同时,幼儿在运动过程中的自我保护意识也增强了,孩子们在游戏中也很愉快,也能够体验到与同伴一起游戏的快乐,增强了对体育运动的兴趣。总的来说,此次教育活动较好地完成了活动目标。

一、优点

主要有以下几点。

1. 将羊角球拟为"小羊",不仅为游戏增添了趣味,也增强了小朋友与"小羊"的人性化互动,小朋友要爱护"小羊","小羊"与小朋友一起合作去完成任务,等等。这是一个有趣的设定。

2. 环境和材料的设置非常用心,贯穿在此次教育活动中。能够看出来,每一个材料,都是有意图的,都与教育活动的展开以及教育活动目标的达成有着密切的关联。随着材料的变化,任务也有了相应的变化,游戏的难度也逐步增加了。这样的设计,充分发挥了环境和材料的作用,使活动有趣、生动,而且丰富、有层次,有利于幼儿循序渐进地做游戏与练习。

3. 利用儿歌来总结骑在羊角球上向前行进跳的运动经验,非常好。儿歌朗朗上口,韵律感强,既能够帮助幼儿更快地掌握运动方法,有效进行练习,同时也将运动与语言学习整合在一起,相得益彰。

4. 我们注意到,对于胆小、运动能力弱的幼儿,教师能够给予特别关注,将运动难度降低,并给予鼓励和个别指导,让他们体验经过努力获得成功的快乐。在幼儿教育中,体育活动的目的不仅是强身健体、学习运动技能,更要让小朋友对体育运动有兴趣与信心,因此,教师要能够给予帮助与关心。在这一点上,教师做得非常好。

二、待完善的地方

此次活动还有可以进一步完善的地方。

1. 在观察和表述羊角球外形的过程中,教师应给孩子们更充分的时间进行观察与尝试,鼓励幼儿大胆表达自己的想法。教师可以在充分倾听孩子们的问题、尊重孩子们的基础上做适当的引导,而且要确认孩子们明白了教师的意图。留更多的时间让孩子们做更充分的准备,是值得的。这才是真正的生活中的教育,而不是为了教育而教育。

2. 幼儿的活动是完整的,因而可以进一步思考健康领域与语言领域、社会领域、艺术领域的融合,引导幼儿在游戏过程中,遵守规则、表达自我、帮助他人等,充分挖掘和体现此次教育活动更全面的教育意义与教育价值。

3. 在后续活动中,班级中区角的玩具投放、游戏设计等也要与此次教育活动相关联,使小朋友有更多与羊角球接触的机会,进一步巩固与扩展此次教育活动的成果。

二、语言教育活动:儿歌《轮子歌》

(一) 活动设计

语言教育活动
实录

班级:小一班　　　执教教师:劲松第二幼儿园　刘蕊　　　配班教师:宋莹

活动名称	儿歌《轮子歌》
设计依据	1. 在《指南》中语言领域"倾听与表达"部分,提出目标1:"喜欢听故事、看图书。"表现之一为:"喜欢跟读韵律感强的儿歌、童谣"。提出目标2:"具备初步的阅读理解能力。"具体表现为:"能听懂短小的儿歌或故事;会看画面,能根据画面说出图中有什么,发生了什么事等;能理解图书上的文字是和画面对应的,是用来表达画面意义的。" 2.《轮子歌》这首儿歌贴近幼儿的生活,如果结合幼儿的生活经验设计相关的游戏,通过看、听、说、做等活动调动幼儿多种感官的参与,就能适时激发幼儿学习语言的热情与主动性。

续表

设计依据	3. 小班幼儿非常喜欢汽车,他们经常从家里拿来汽车模型、图书和图片同小伙伴分享。根据孩子们的这一兴趣点,班中开展了主题活动"各种各样的车",激发幼儿对各种各样的车进行比较、分类等。		
活动目标	1. 能结合生活经验说出几种常见的不同轮子的车,能说出每种车的名字,描述、交流与车相关的经验和话题。 2. 愿意跟读儿歌,并通过反复模仿记诵下来。 3. 能够结合手势、动作,在念诵中感知儿歌的韵律和节奏。		
活动重点 (可选项)	能展开关于"车"的经验的交流与表达,能够理解儿歌的内容,愿意跟读儿歌。		
活动难点	能够结合手势、动作,在念诵中感知儿歌的韵律和节奏。		
经验准备 (可选项)	幼儿对车感兴趣,能说出生活中常见的车的品牌。		
环境和 材料	1. 物品:摸箱 5 个、Mickey 手偶 1 个、独轮车模型 1 个、自行车模型 1 个、三轮车模型 1 个、汽车模型 1 个、火车模型 1 个。 2. 图片:一个轮子、独轮车;两个轮子、自行车;三个轮子、三轮车;四个轮子、汽车;许多轮子、火车。		

活动过程			
步骤	教师指导	幼儿活动	活动意图
一、一起揭开小秘密	教师引导幼儿和小手偶一起玩摸箱游戏。	幼儿怀着兴奋的心情参与到活动中,愿意来摸一摸,看看小箱子里到底有什么。	通过角色引入的方式和摸箱游戏,充分调动幼儿的积极性,激发幼儿参与活动的兴趣。
二、说说这是什么车	待幼儿逐一摸出箱子里的车后,教师向幼儿提出重复性结构的问题(如"你们见过这种车吗?""在哪见过?""它叫什么名字?""它有几个轮子?"等等),引导幼儿分享自己有关车的生活经验。	幼儿在教师的引导下,回答问题并表达自己关于车的认识和经验(名称、用途、轮子数量、适用的场域等),和教师一起点数车轮的数目、模仿火车开动的声音等。	引导幼儿回忆自己的生活经验,支持、鼓励幼儿结合自己的已知经验表达和分享,为之后学习儿歌做铺垫和引导。 教师有意识地引导幼儿结合此前对三轮车等做过的观察和了解,唤醒幼儿的已知经验。

续表

活动过程			
步骤	教师指导	幼儿活动	活动意图
三、教师示范学儿歌	1. 教师出示从一个轮子到许多轮子的图片,提问小手偶 Mickey:"你还记得刚才我们从箱子里都拿出了什么车吗?" 教师指着一个轮子的图片问:"一个轮子什么车?"老师会再扮演 Mickey 的角色回答:"一个轮子是独轮车。"教师将轮子图片掀开,露出独轮车的图。 教师依次揭开不同数量轮子的图片,与 Mickey 做互动问答。	结合刚才的认知经验,回顾不同轮子数量的车分别是什么车,并能说出车的名字。	教师和 Mickey 的对话,起到隐性示范的作用,引导幼儿说完整的语言来回答问题;还可通过故意让 Mickey 回答不出教师的问题等小环节的设计,激发幼儿主动思考和回顾上一环节的活动,继而回答教师的问题;随后出示正确答案,帮助幼儿巩固对儿歌的理解。
	2. 教师引出本次活动的学习重点《轮子歌》,并通过和 Mickey 进行问答的形式,为幼儿做演练和示范。	幼儿认真倾听、观看教师和 Mickey 的表演,巩固和记忆儿歌内容。	教师以示范的方式引导幼儿学习儿歌,通过动作示范帮助幼儿巩固对儿歌的理解。
	3. 教师引导幼儿像 Mickey 一样来回答自己提出的问题,与幼儿进行儿歌问答游戏。	幼儿和 Mickey 一同与教师进行儿歌问答的游戏。幼儿模仿 Mickey 的样子,边说儿歌边做动作。	通过师幼互动的方式进行儿歌问答游戏,支持、鼓励幼儿再现和记忆儿歌,同时引导幼儿通过动作和表演增进对儿歌的感知。
	4. 教师根据儿歌的问答特点将幼儿进行分组;和 Mickey 分别带着本组小朋友进行儿歌问答的游戏;可反复进行,两组交换。	幼儿自主分为两组,分别进行问答儿歌的游戏,回答组的小朋友边说边做动作。	通过幼幼互动的方式再现儿歌,增强趣味性,再次加深幼儿对儿歌的理解和记忆。

活动过程			
步骤	教师指导	幼儿活动	活动意图
四、快乐开走小火车	教师小结,肯定幼儿的表现,师幼一同拍着手,跟随《轮子歌》表演动作,拉着"小火车"退场。	幼儿在教师的引领下一同跟随儿歌表演动作;幼儿要跟读儿歌,边说边表演。	师幼一同跟随《轮子歌》,通过边拍手边表演边说儿歌的方式,引导幼儿感受儿歌的韵律和节奏。
活动评价	1. 能够跟读儿歌。 2. 能够伴随儿歌的韵律和节奏唱出完整的儿歌。 3. 能够结合手势、动作,表达对"轮子"的理解。 4. 愿意与教师、同伴交流"不同轮子的车"。 5. 能够描述、交流与车相关的经验与话题。 6. 愿意参与到活动中,并保持愉悦的情绪。		
活动延伸			
可引导幼儿进一步观察生活中出现的各种车,特别是对一些貌似没有轮子的车,如地铁等,进行细致观察和探究;在后续的语言活动中,可通过绘本、图片等中出现的"车",来继续巩固在本次活动中获得的经验。			

(二) 活动形成说明

北京师范大学教育学部　杜霞

劲松第二幼儿园　刘蕊

儿歌是以低幼儿童为主要接受对象的具有民歌风味的简短诗歌,以贴近生活、形象生动、富有音乐性和节奏感赢得了幼儿的喜爱。单纯明朗、鲜活生动的儿歌不仅可以增加幼儿的生活经验,而且可以引发幼儿的美感与愉悦感,进而激发他们学习语言的积极性。

《轮子歌》是一首与幼儿日常生活经验密切相关的儿歌,因此在活动设计中应注重充分调动幼儿已有的认知与经验;此外,还应考虑儿歌往往和幼儿的游戏活动相伴随,其传播在很大程度上也是通过游戏方式来实现的,因此在《轮子歌》的活动设计中,也通过引入玩偶角色、揭开小秘密、模拟动作、一问一答等方式,增强戏剧感与游戏性,调动幼儿全身心、多感官参与,让幼儿在快乐的感受与体验中潜移默化地习得语言。

关注幼儿身心全面、协调发展,就要注重学习与发展各领域之间的相互渗透和整合,在此次活动设计中,教师也注意到从不同角度促进幼儿全面、协调发展,如渗透了数学认知领域中的"能手口一致地点数 5 个以内的物体并能说出总数"的相关内容,同时也结合社会领域提到的"愿意和小朋友一起游戏"等目标要求,鼓励幼儿在活动中增进与同伴的交流和合作。

(三)活动过程实录

执教教师:劲松第二幼儿园 刘蕊

整理分析:北京师范大学教育学部 杜霞

轮子歌

一个轮子什么车? 一个轮子独轮车。

两个轮子什么车? 两个轮子自行车。

三个轮子什么车? 三个轮子三轮车。

四个轮子什么车? 四个轮子是汽车。

许多轮子什么车? 许多轮子是火车。

一、环境与材料

1. 物品:摸箱 5 个、Mickey 手偶 1 个、独轮车模型 1 个、自行车模型 1 个、三轮车模型 1 个、汽车模型 1 个、火车模型 1 个。

2. 图片:一个轮子、独轮车;两个轮子、自行车;三个轮子、三轮车;四个轮子、汽车;许多轮子、火车。

二、活动过程

(一)一起揭开小秘密

"秘密"对儿童有着特殊的吸引力和诱惑力。活动一开始,刘老师就请出了小手偶 Mickey,并指着桌上摆放的摸箱,邀请小朋友们和 Mickey 一起玩揭开"小秘密"的游戏:"桌子上摆了好多'小秘密',谁想看看啊?"(图3-14。)

摸箱里面会有些什么呢?刘老师的提议以及小手偶 Mickey 的出现,点燃了幼儿的好奇心,他们露出了专注而兴奋的神情,跃跃欲试,想要参与到揭开秘密

图 3-14　揭开小秘密

的有趣游戏中。

（二）说说这是什么车

刘老师请一位小朋友掀开桌上的一个摸箱，取出里面的小车模型，原来是一辆自行车。刘老师接连问了幼儿们几个问题："这是什么啊？""谁见过自行车啊？""在哪儿见过自行车啊？""谁骑着自行车啊？""你家里有没有自行车啊？""骑自行车干什么去啊？""自行车有几个轮子啊？"

刘老师的问题一抛出，幼儿们便纷纷回忆起关于自行车的生活经验，争先恐后地表达着，有的说"我在马路上见过自行车"；有的说"我在儿童医院见过自行车"；有的说"我骑过自行车，去公园了"；还有的说"我爸爸、妈妈骑着自行车去上班"……

待小朋友们分享了自己的经验之后，刘老师认真地问手中的小手偶Mickey："Mickey，你知道了吗？"Mickey（刘老师模拟手偶的声音回答）说："我知道啦，这个是——两个轮子的自行车。"

接下来，根据小朋友们从摸箱里拿出的不同的小车模型，刘老师问了结构大致相同的问题，幼儿们针对每一种车的模型调动记忆，踊跃表达着自己的认知和感受（图 3-15）。比如拿到火车模型，幼儿们会说："火车呜呜的声音"，"咔嚓咔嚓——""火车有许多轮子"；当汽车模型出现时，幼儿们就说："我记得马路上就有小汽车。""我坐小汽车上班去了。""坐着小汽车回家了。""妈妈开着车，去公园玩了。"而独轮车则让幼儿们想到了工地以及幼儿园里的见闻，甚至推独轮车的方式，他们说："我在工地见过。""我在幼儿园见过。""扶着把，推着玩。"当最后拿出三轮车时，幼儿们肯定地说："这是三轮车。""我在路上见过。""我

图 3-15　幼儿表达认知与感受

家就有三轮车。""爷爷、奶奶骑着三轮车去公园玩了。""三轮车上可以坐小朋友。""可以装东西。"……

　　而每当完成某一类车的交流和分享后,刘老师都会和小手偶 Mickey 做一个固定模式的问答——

　　刘老师:"你知道了吗？"(或者:"你认识这种车吗？")

　　Mickey:"我知道啦,一个轮子是独轮车(两个轮子是自行车,三个轮子是三轮车,四个轮子是汽车,许多轮子是火车)。"

　　经过揭秘的游戏和小朋友的经验分享,儿歌《轮子歌》就这样自然然地被引了出来,还有的小朋友在 Mickey 每次说完一句儿歌后,都会跟着摇头晃脑、饶有兴味地重复一次。不知不觉中,幼儿们已经对这首儿歌的语言和主体内容有了初步的理解和把握。

　　(三) 一问一答猜猜看

　　活动继续进行着。在保教宋老师的帮助下,刘老师推出了活动黑板,黑板上贴着不同数量的轮子的图片,这个环节要求幼儿结合刚才的认知和经验,依次回顾一个轮子、两个轮子、三个轮子、四个轮子,以及很多轮子分别对应的是什么车,同时也就将儿歌的正确的语言逻辑顺序呈现给幼儿。

　　教师问,幼儿答——这其实是"猜谜"活动的延续。小朋友们每次根据轮子的数量说出一种车时,刘老师就掀开表层的轮子图片,露出了下面相对应的某种车的图,当图片上所显示的与小朋友们的回答相吻合时,他们的参与热情更高了;当看到好多轮子时,有的小朋友已经能准确地用"呜呜"的火车声音来呼应

图 3-16　幼儿对不同轮子的车的反应

强调了(图 3-16)。

这样一问一答的形式,潜移默化地检验了幼儿在上一个环节中的学习效果;而且经由这一次问答形式的对儿歌的重复,幼儿熟悉了儿歌的内容。

(四) 教师示范学儿歌

在小朋友们已经对儿歌的内容有了基本的掌握之后,刘老师继续和保教宋老师进行互动,她说:Mickey 想考一考宋老师,看宋老师会不会说好听的儿歌。同时她转身提醒幼儿:请你仔细听,仔细看。

刘老师模仿起 Mickey 的角色声调,开始和宋老师我问你答地进行示范表演(图 3-17),宋老师在回答 Mickey 提出的问题时,特别注意加入手势及动作,比如当说到"一个轮子是独轮车"时,就做出推独轮车的动作;当说到"许多轮子是火

图 3-17　教师示范

车"时,便表现出车轮滚滚向前奔的气势……宋老师的生动表演引发了幼儿的笑声和兴致,因此,当这轮示范完成,刘老师问小朋友们想不想和宋老师一起试一试的时候,多数幼儿已经迫不及待,跃跃欲试了。

（五）分组问答练儿歌

小朋友们亲身体验的时候到了,刘老师叮嘱孩子们不仅要把儿歌说得完整,还要加上动作,但这时宋老师"支架"的辅助作用并没有撤离,她继续像上一环节那样边念诵儿歌边做动作,帮助孩子们及时了解老师的意图,确保他们更快掌握儿歌的语言和动作。

这之后刘老师又组织孩子们进行了一个分组问答的活动,Mickey带着一组幼儿提问,宋老师带着另一组幼儿回答;之后互换角色又进行了一遍。

通过这样几轮老师示范引领下的模仿学习活动,孩子们不仅对儿歌的语言内容有了清晰的理解和掌握,而且通过加入手势、动作等,也在潜移默化中感受了儿歌的韵律和节奏。

（六）快乐开走"小火车"

不知不觉中,活动已接近尾声。刘老师引导大家和 Mickey 一起说着好听的儿歌,开着喜欢的"车"去做游戏。一听说喜欢的"车",孩子们又有些小激动,跑到图片前去认领自己的最爱。

这时 Mickey 适时表演起了儿歌,在刘老师那亲切声音的召唤下,孩子们慢慢平静下来,领悟了刘老师的用意,一边跟老师念着儿歌,一边在老师的指挥下,慢慢拉成了一个"小火车"式的队伍(图 3-18)。

图 3-18　开走"小火车"

刘老师热情欢快地提议道:"坐着小火车,我们一起出去玩,看看马路上还有什么车,好不好?"

"好!"幼儿们欢欣雀跃,前后跟随,开着"小火车",向着快乐出发!

(四) 专家评议(杜霞)

幼儿园的语言教育,是与幼儿生活经验密切相关的。幼儿的语言能力是在运用语言交流的过程中发展起来的。这就需要我们在教育活动中注重对幼儿生活经验的挖掘,将教育与生活的路径打通,谋求幼儿语言能力的自然发展。

若要正确理解和把握"最近发展区",做好幼儿经验的衔接与拓展,就需要通过理论的学习和实践的摸索,不断努力去切近幼儿的生命体验与认知能力,力求读懂幼儿,这样才能对幼儿已有的经验能力做出较为适切的判断。比如在"分组问答练儿歌"环节中,因为低幼儿童对分组和选择不同组群,还缺乏一定的概念和认知,活动未能达到预期的效果。

再就是已知经验的贯通和拓展问题。在此次活动设计中,教师注意到了与幼儿日常生活见闻和经验相衔接,但实际上,还可以将"经验"的视域扩大。比如可回顾在最近一个阶段幼儿听到的故事、看过的绘本、吟唱过的歌谣中,是否有关于轮子和车的概念和内容,如果有,那么这时都可以"召唤"出来。此外,在经验的拓展中还需要对一些复杂经验进行辨析,如当幼儿把"许多轮子"的车说成是"地铁"时,教师可进一步追问:你见过地铁的轮子吗?即便幼儿因为经验有限一时还不能做出正确的反馈,教师也可以引导他们在日后做细致的观察和思考。

只有读懂幼儿,充分理解和尊重幼儿在发展进程中的个别差异,活动设计才能有重点、有层次,才能给予幼儿科学的支持和引导,促进他们从原有水平向更高水平发展。

附录:

结合《轮子歌》教育活动的设计与实施,北京师范大学的杜霞副教授与执教教师及项目幼儿园的其他教师展开了深入的探讨,对语言教育活动的意义与价值以及如何才能设计出有意义、有价值的语言教育活动,进行了专门的讨论,并撰写了文章。文章详见二维码,供大家参考。

《构建生活与教育的快乐通道——以小班语言教育活动〈轮子歌〉为例》

社会教育活动
实录

三、社会教育活动:打电话

(一) 活动设计

班级:小二班　　　执教教师:西坝河第一幼儿园　张丽红　　　配班教师:宋军

活动名称	打电话(社会:学习用礼貌用语与人打招呼)
设计依据	1. 在《指南》中社会领域强调3~4岁幼儿"在成人指导下,不争抢、不独霸玩具";"身边的人生病或不开心时表示同情"。语言领域强调"具有文明的语言习惯",其中一个具体表现为:"能在成人的提醒下使用恰当的礼貌用语。" 2.【经验】电话在日常生活中很普遍,有的幼儿在家接打过电话,有经验。 教师通过观察以及征询家长,了解了幼儿在幼儿园和家中与人打招呼的情况,对班级幼儿的相关经验分析如下: (1) 有的幼儿不能主动与他人打招呼;(2) 有的幼儿会主动与人打招呼,但不会使用恰当的礼貌用语(如,幼儿不会区分不同的情境和不同的人际关系,不知道跟不同人打招呼,应使用不同的礼貌用语);(3) 幼儿不知道有哪些常用的礼貌用语;等等。根据分析,设计引导幼儿通过打电话学习礼貌用语的活动。 班上开展"爱心链接"活动,每天教师会利用点名时间给没有来幼儿园的小朋友打电话询问原因,此活动为本次教育活动做了铺垫。 3.【关联领域】本次活动体现了以下相关领域的融合。 社会领域:在打电话游戏中,教师引导幼儿关心同伴,知道关心生病小朋友的简单方式;观看情境表演,学习与人交往的基本方式,愿意与人交往;与他人轮流使用电话游戏,能够与同伴友好相处。 语言领域:教师引导幼儿大胆讲话,学习使用礼貌用语与人交流。 健康领域:教师引导幼儿明白多喝水、多吃蔬菜,对身体有益,能预防感冒。 4.【主题活动】本次教育活动是本园"有礼貌的好宝宝"主题活动的一部分。
活动目标	1.知道常用的礼貌用语。 2. 能使用简单的礼貌用语与他人打招呼,如:您好;请;谢谢;再见。 3. 通过观看情境表演,参与实践,体验与他人交往的乐趣。
活动重点	能够在教师的提醒下,运用恰当的礼貌用语打招呼。

续表

活动难点	1. 敢于大胆讲话。 2. 针对不同的人际关系,使用不同的礼貌用语。 3. 在模拟打电话的活动中,幼儿能轮流使用电话,不争抢。		
经验准备	1. 教师观察幼儿和他人见面及分别时所使用的语言,创设情境,引导幼儿运用已经掌握的礼貌用语与他人打招呼。 2. 在"娃娃家"投放玩具电话,引导幼儿使用礼貌用语。 3. 引导幼儿观察父母接、打电话时会说什么。		
环境和材料	教师事先与没有来园儿童的家长联系,请他们配合完成打电话的活动;班级"爱心链接"园地;班级电话一部,玩具电话若干;教师创设给爸爸、妈妈、爷爷、奶奶打电话的情境。		
活动过程			
步骤	教师指导	幼儿活动	活动意图
一、活动引入	利用"爱心链接"角引入本次教育活动: 今天有几位小朋友没有来幼儿园,看看谁没有来幼儿园,咱们给他们打电话吧,问问他们为什么不来幼儿园。	说出没有来园幼儿的名字。	利用幼儿熟悉的活动激发幼儿学习的兴趣。
二、教师示范打电话	教师给没有来园幼儿的家长打电话,给幼儿打电话时正确使用礼貌用语做出示范。 幼儿家长1:您好! 师:您好! 您是宋昭萱的妈妈吗? 幼儿家长1:我是。您好! 请问您是谁? 师:我是幼儿园的张老师。请问今天萱萱怎么没有来幼儿园? 幼儿家长1:萱萱咳嗽了,所以没有去幼儿园。 师:天冷了,让萱萱多喝水、	安静地观察老师打电话,并认真倾听老师打电话时所使用的语言。	使幼儿明了打电话时使用的礼貌用语;激发幼儿关心同伴的积极情感。

续表

	活动过程		
步骤	教师指导	幼儿活动	活动意图
二、教师示范打电话	多吃水果,病就好了,病好了就来幼儿园吧。 　　幼儿家长1:好的,谢谢张老师。张老师再见! 　　师:再见!		
三、回顾礼貌用语	通过系列问题,引导幼儿回顾教师打电话时使用的礼貌用语: 　　1. 刚才张老师在做什么?我在给谁打电话? 　　2. 张老师拿起电话说了什么? 　　重点引导幼儿说出教师打电话时使用的礼貌用语。	幼儿回答教师的提问,说出教师使用的礼貌用语,包括"您好、请、再见"。	帮助幼儿明确礼貌用语及其使用,强调本次活动的学习重点。
四、师幼电话游戏	和幼儿一起玩打电话的游戏,引导幼儿在此过程中使用礼貌用语: 　　你们以前打过电话吗?现在,张老师和小朋友们一起玩打电话游戏,丁零零丁零零,电话打给某某听。 　　教师与幼儿进行简单的对话,包括:你在哪?你喜欢来幼儿园吗?你们班有几位老师?早上是谁送你来幼儿园的?你在幼儿园什么饭菜都爱吃吗?等等。	接到教师电话的幼儿和教师进行简单的对话,其余幼儿安静倾听。	鼓励幼儿练习使用礼貌用语。
五、教师再次示范打电话	教师再次示范在打电话时说礼貌用语。 　　幼儿家长2:您好! 　　师:您好,是陆晓蓓妈妈吗?我是张老师。请问今天陆晓蓓怎么没来? 　　幼儿家长2:她流鼻涕了。	幼儿安静倾听教师打电话。	强化幼儿对恰当使用礼貌用语情境的理解。

步骤	教师指导	幼儿活动	活动意图
五、教师再次示范打电话	师:天冷了,请让小朋友多穿衣服,不能露小肚皮,要塞好衣服。(设计意图:引导幼儿穿脱衣服后要整理好衣服。) 幼儿家长2:谢谢您的关心。 师:没关系,等她病好了来幼儿园,老师和小朋友都想她了。再见! 幼儿家长2:谢谢张老师,再见!		
六、幼儿打电话游戏	创设给爸爸、妈妈、爷爷、奶奶打电话的情境,引导幼儿玩打电话游戏:老师在班里设置了四个电话角,在这四个电话角,你可以打电话给爸爸、妈妈、爷爷和奶奶,你想给谁打都可以。 同时,出示玩具电话,提问:电话不够每人一个时怎么办? 引导幼儿轮流使用玩具电话,不争抢。 教师在对幼儿进行个别指导时,重点引导幼儿大胆讲话,说礼貌用语。	幼儿分组游戏,模拟给爸爸、妈妈、爷爷、奶奶打电话。	引导幼儿大胆讲话,学习说礼貌用语,并学会分享玩具、轮流玩。
七、小结	总结本次教育活动的主要内容:我们在接、打电话时要说"您好、请、谢谢、再见"等礼貌用语。	倾听教师讲话。	巩固幼儿对礼貌用语的学习与使用。
活动评价	在对幼儿学习的效果进行评价时,主要关注以下五点内容: 1. 是否会接电话,打电话是否会拨号; 2. 能否使用礼貌用语; 3. 能否使用恰当的礼貌用语; 4. 在其他小朋友打电话时,能否保持安静; 5. 能否轮流使用电话。		

活动过程

续表

活动延伸
在日常教育活动中：
1. 将打电话活动延伸到日常生活中去。
2. 引导幼儿礼貌地与客人打招呼，在与他人交往时使用礼貌用语。
3. 在日常游戏中有礼貌地与同伴进行游戏。
4. 在"爱心链接"角给没有来园的小朋友打电话。
5. 引导幼儿接听班级电话。
在活动区游戏中：
1. 在"娃娃家"投放玩具电话。
2. 在活动区投放有关礼貌用语的儿歌、图书绘本、故事。
家园合作：
1. 与家长联系，引导幼儿在家使用礼貌用语。
2. 引导幼儿给家长打电话。

（二）活动形成说明

北京师范大学教育学部　　郭华

西坝河第一幼儿园　　张丽红

　　幼儿园是人从出生之后进入的第一个真正的社会场域。在这里，幼儿形成了非血缘关系的社会关系，与教师形成了师生关系，与小朋友形成了同伴关系；幼儿要通过遵守规则、相互理解来维护和发展这些社会关系，并在这些社会关系中实现自身的成长，学习初步的人际交往和社会适应。《指南》指出："幼儿在与成人和同伴交往的过程中，不仅学习如何与人友好相处，也在学习如何看待自己、对待他人，不断发展适应社会生活的能力。良好的社会性发展对幼儿身心健康和其他各方面的发展都具有重要影响。"

　　可以说，幼儿园所有的活动都是社会活动，都是幼儿社会化过程的重要环节。《指南》指出："幼儿的社会性主要是在日常生活和游戏中通过观察和模仿潜移默化地发展起来的。成人应注重自己言行的榜样作用，避免简单生硬的说教。"当然，有些活动的社会性色彩更鲜明一些。

　　"打电话"是一个有着鲜明社会性色彩的教育活动，但又与语言领域、健康领域有充分的交融。我们通过设计这一教育活动，目的在于：

（1）引导幼儿关心同伴,知道关心生病小朋友的简单方式;

（2）引导幼儿观看情境表演,学习与人交往的基本方式,愿意与人交往;

（3）让幼儿与他人轮流玩打电话游戏,学会与同伴友好相处;

（4）引导幼儿大胆讲话,学习使用礼貌用语与人交流;

（5）让幼儿学会针对不同的人际关系,使用不同的礼貌用语;

（6）引导幼儿明白多喝水、多吃蔬菜,对身体有益,能预防感冒。

（三）活动过程实录

西坝河第一幼儿园 张丽红

一、对于本次教育活动的认识

社会领域教育可以促进幼儿良好人际关系的发展。人际关系既是幼儿社会性发展的内容,也是幼儿社会性发展的重要基础。积极的人际关系是儿童心理健康发展的重要前提。社会领域教育正是通过社会交往实践,促进幼儿社会交往能力的提高。

在本次教育活动中,幼儿通过观察、模仿、实践,给他人打电话,学习说礼貌用语,知道简单的礼貌用语,并能正确使用。本次教育活动也有助于引导幼儿关心他人。

二、活动目标

1. 知道常用的礼貌用语。

2. 能使用简单的礼貌用语与他人打招呼,如:您好;请;谢谢;再见。

3. 通过观看情境表演,参与实践,体验与他人交往的乐趣。

三、环境和材料

幼儿喜欢模仿,模仿是幼儿开展社会学习的重要方式。小班幼儿是在模仿中学习、成长的。教师结合班级的"爱心链接"角,引导幼儿观察谁没有来,并给没有来的小朋友打电话,以此吸引幼儿的注意力,非常自然地引入本次教育活动的内容。同时,在本次教育活动中设计给爸爸、妈妈、爷爷、奶奶打电话的情境,鼓励幼儿参与模拟打电话的活动,并在此过程中练习使用礼貌用语（图 3-19 至图 3-24）。

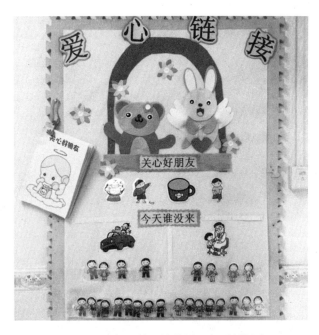

图 3-19　西坝河第一幼儿园"爱心链接"角

图 3-20　给爸爸打电话的情境标志牌

图 3-21　给妈妈打电话的情境标志牌

图 3-22   给爷爷打电话的情境标志牌   图 3-23   给奶奶打电话的情境标志牌

图 3-24   玩具电话若干

四、活动过程

师生围成半圆。(设计意图:以活动引入,引导幼儿察觉没有来园的幼儿。)

师:"今天咱们班好多小朋友没有来,谁没有来呀?"(教师走到班级"爱心链接"角前,图 3-25。)

图 3-25　活动现场

幼:"宋昭萱没有来。"

幼:"苏庭煦没有来。"

幼:"陆晓蓓没有来。他们生病了,上医院了。"

师:"你们想不想他们?"

幼:(齐声说)"想。"

师:"我们来给他们打电话,问问他们为什么没有来园。张老师打电话时,看谁最安静。"(教师向幼儿提出要求,引导幼儿在别人打电话时安静听。)

教师拿出手机,拨电话。幼儿很安静,电话接通,免提。(设计意图:便于幼儿倾听打电话的内容,为幼儿起到示范作用。)

幼儿家长 1:"您好!"

师:"您好!您是宋昭萱的妈妈吗?"

幼儿家长 1:"我是。您好!请问您是谁?"

师:"我是幼儿园的张老师。请问今天萱萱怎么没有来幼儿园?"

幼儿家长 1:"萱萱咳嗽了,所以没有去幼儿园。"

师:"天冷了,让萱萱多喝水、多吃水果,病就好了,病好了就来幼儿园吧。"

幼儿家长1:"好的,谢谢张老师。张老师再见!"

师:"再见!"(挂断电话。)

师:"刚才张老师在做什么?"(设计意图:帮助幼儿回忆老师刚才如何打电话,在打电话时都说了什么。)

幼:(齐声说)"打电话。"

师:"给谁打电话?"

幼:"宋昭萱的妈妈。"

师:"张老师都说什么了?"

幼:"多喝水、多吃水果,病就好了。"

师:"为什么让他多喝水、多吃水果?"

幼:"因为他咳嗽;他要长大个。"

师:"电话接通了,应该说什么?"

幼:"您好!"

师:"王宇辰,请你大声说你刚才听见什么了。"(设计意图:请一位幼儿为其他幼儿做示范。)

王宇辰:(大声自然地说)"宋昭萱妈妈说'您好!请问您是谁?'"

师:"我是怎么说的?"

王宇辰:"您说'我是幼儿园的张老师'。"

师:"说完后我们俩还说什么了?"

王宇辰:"再见!"

师:"宋昭萱妈妈打电话问'您好!请问您是谁?'我会告诉她'我是幼儿园的张老师'。"

幼:"老师,我感冒了。"(一名幼儿假装咳嗽。)

师:"在幼儿园多喝水,就不会生病了。"(设计意图:教师结合幼儿假装咳嗽进行随机教育,与健康领域结合,鼓励幼儿多喝水。)

师:"你们以前打过电话吗?现在,我来和小朋友打电话。(教师拿起手机假装打电话)丁零零丁零零,电话打给朱心语听。"(设计意图:激发幼儿接电话的兴趣,同时给幼儿练习说礼貌用语的机会。)

朱心语:(用小手做出打电话的样子)"张老师好!请问您在哪儿?"

师:"我在朝阳区西坝河第一幼儿园。你在哪儿？"

朱心语:"我在幼儿园。"

师:"你喜欢来幼儿园吗？"

朱心语:"喜欢。"

师:"你们班有几位老师？"

朱心语:"3位老师。"

师:"上幼儿园高兴吗？"

朱心语:"高兴。"

师:"朱心语再见！"

朱心语:"张老师再见！"

师:"我把电话打给朱心语,他特别有礼貌。"

师:"我们来继续打电话吧。丁零零丁零零,电话打给刘踊田听。您好。"(这时又有一名幼儿假装咳嗽,还打喷嚏,教师说:"如果你们真生病了,我会很难过的。"引导幼儿安静听。)

刘踊田:"您好！请问您找谁？"

师:"我找小二班的刘踊田,你是吗？"

刘踊田:"我是。"

师:"你现在在哪儿呢？"

刘踊田:"我在幼儿园。"

师:"你喜欢来幼儿园吗？"

刘踊田:"喜欢。"

师:"早上是谁送你来幼儿园的？"

刘踊田:"爷爷。"

师:"是爷爷抱着来的,还是自己走着来的？"

刘踊田:"自己走着来的。"

师:"真棒,能自己走着来幼儿园。刘踊田再见！"

刘踊田:"张老师再见！"

(这时班级一名女孩子曹雅菲问:"张老师为什么不给我打电话？"老师说:"刚才有小朋友问为什么不给她打电话,因为我喜欢有礼貌的小朋友。有礼貌的小朋友不光会说'您好！'还知道在别人打电话、接电话时不出声音,不吵别人,这样的小朋友才能接到张老师的电话。"听完老师的话,曹雅菲很安静地坐到座位上。)

师:"丁零零丁零零,电话打给安静听别人讲话的小朋友听,这次打给曹雅菲来听。"(设计意图:引导幼儿安静倾听他人打电话。)

曹雅菲:"喂,您好!"

师:"你好!你是曹雅菲吗?"

曹雅菲:"我是曹雅菲。请问您是谁?"

师:"我是朝阳区西坝河第一幼儿园小二班的张老师。今天你来幼儿园高兴吗?"

曹雅菲:"高兴。"

师:"你每天都来幼儿园吗?"

曹雅菲:"对。"

师:"你真棒。你在幼儿园什么饭菜都爱吃吗?"

曹雅菲:"对。"

师:"你是个不挑食的孩子,老师和小朋友都喜欢你。曹雅菲小朋友再见!"

曹雅菲:"谢谢张老师,再见!"

师:"刚才张老师和小朋友玩什么游戏了?"

幼:(齐声说)"打电话。"

师:"你们现在在哪儿?"

幼:"幼儿园。"

师:"还有小朋友在家生病了,或者有事不能来上幼儿园,大家想不想给他们打电话?"(设计意图:再次向幼儿示范如何打电话并使用礼貌用语。)

幼:(很兴奋)"想!"

师:"今天不知为什么陆晓蓓没来,咱们给陆晓蓓打电话吧。"

(又有幼儿假装咳嗽,曹雅菲说要安静。)

电话接通。

幼儿家长2:"您好!"

师:"您好!是陆晓蓓妈妈吗?我是张老师。请问今天陆晓蓓怎么没来?"

幼儿家长2:"她流鼻涕了。"

师:"天冷了,请让小朋友多穿衣服,不能露小肚皮,要塞好衣服。"(设计意

图:引导幼儿穿脱衣服后要整理好衣服。)

幼儿家长2:"谢谢您的关心。"

师:"没关系,等她病好了来幼儿园,老师和小朋友都想她了。再见!

幼儿家长2:"谢谢张老师,再见!"

师:"在幼儿园有老师和小朋友,每天当我们来上幼儿园时,是不是就见不到爸爸、妈妈、爷爷、奶奶了? 他们来幼儿园吗? "(设计意图:激发幼儿给家长打电话的愿望。)

幼:"不来。"

师:"他们干什么去了? "

幼:"爸爸、妈妈去上班。"

师:"想给他们打电话吗? "

幼:"想。"

师:"老师在班里设置了四个电话角,在这四个电话角,你可以打电话给爸爸、妈妈、爷爷和奶奶,你想给谁打都可以。"(设计意图:给幼儿创设情境,引导幼儿开展打电话活动,给每个幼儿实践的机会。)

幼儿(给妈妈打电话):"妈妈,您好! 您在哪儿呀? 我在幼儿园多吃蔬菜,多喝水,老师夸我很棒……"

幼儿(给爸爸打电话):"爸爸,您好! 您今天工作忙吗? 今晚您能带我去买玩具吗? ……"

幼儿(给爷爷打电话):"爷爷,您好! 您在家吗? 我想您了,能过来接我吗? ……"

幼儿(给奶奶打电话):"奶奶,您好! 您在家吗? 您出去要小心啊,路上滑,别摔倒。……"

师:"请打完电话的小朋友将电话轻轻放在小筐里,回到自己的座位上。"(设计意图:教师对幼儿打电话活动进行小结,讲评幼儿打电话的情况。)

师:"小朋友们都学会了打电话,张老师很高兴。为什么呢? 因为小朋友有礼貌,会说'您好! ''再见! '有的小朋友很关心奶奶,告诉奶奶"路上滑,别摔倒"。小朋友打电话时都会用礼貌用语,以后在咱们班上接电话和在家打电话都说礼貌用语,好吗? "

幼儿:"好。"

（四）专家评议（郭华）

"打电话"这一教育活动贴近幼儿的生活经验,内容丰富、结构完整、重难点较为突出。教师的教态自然、亲切,能够针对幼儿的表现及提出的问题灵活地生成课程内容,关注幼儿的学习状态,不因为完成预设的课程内容而无视幼儿的需求。具体来说,本次教育活动的优点及有待改进之处分别有以下几个方面。

一、优点

1. 教育活动主题契合幼儿的生活经验及人际交往发展水平

本次教育活动中的小朋友是刚入园不久的小班幼儿。在设计本次教育活动之前,教师对幼儿的礼貌用语情况进行了观察并与幼儿家长进行了交流,了解幼儿在与他人打招呼、打电话时使用礼貌用语的情况,并以此为依据确立教育活动的目标、设计活动内容。活动主题契合幼儿的生活经验及人际交往发展水平,也符合幼儿社会交往和语言表达能力发展的需求。

2. 自觉设计丰富的教育活动内容

这一教育活动重点在于引导幼儿学会使用简单的礼貌用语与他人打招呼,如"您好、请、谢谢、再见"。这些礼貌用语不是孤立的语词,而是幼儿真实的社会交往活动用语。因此,教师设计了相应的社会交往情境与内容,来促进幼儿社会性的发展。如引导幼儿学习用礼貌用语去关心生病的同伴;引导幼儿与同伴分享、轮流使用电话,增进幼儿与同伴交往的能力。教师还有意识地在打电话的情境对话中渗透了健康领域和语言领域的教育内容,如:要多喝水、多吃水果等,要大胆讲话、别人讲话时耐心倾听等。这些丰富的课程内容都有助于幼儿身心的健康发展。

3. 教育活动结构完整,寓教于活动中

这个教育活动结构完整,层层递进,包括情境引入、教师示范、师幼问答、幼儿模拟示范、幼儿分组游戏、教师小结等多个环节,将教育主题与生动活泼的活动融为一体,在幼儿主动的活动中较好地实现了活动目标。

4. 关注幼儿的表现,及时生成教育内容,凸显幼儿的主体地位

在本次教育活动中,当一名幼儿假装咳嗽,还打喷嚏时,教师并没有直接维持纪律,而是说:"如果你们真生病了,我会很难过的。"这样就将幼儿的行为反应转化为教育内容,丰富、提升了活动的意义,也使得教育活动与生活的联系变

得更为直接、紧密,不仅及时维持了活动秩序,还适时引导幼儿产生同理心。及时灵活生成教育内容,反映出教师切实把握了活动中的每一点教育契机,以幼儿而非教案为活动的中心,凸显了幼儿的主体地位。

二、有待改进之处

1. 情境设计应更符合小班幼儿的特点

事实上,小班幼儿在生活中较少遇到主动打电话的情况,而接电话又是一种较为被动的活动,因此,创设打电话的情境来引导幼儿学习使用基本的礼貌用语略显牵强,并不十分符合小班幼儿的生活实际。如果引入面对面交流的场景,也许会更生动,更能够激发小朋友进入情境,发挥主动性。例如,设计幼儿来园时见到老师、同伴,在小区中遇到邻居等情境,引导幼儿学习在面对不同对象、不同情境时使用恰当的礼貌用语,会更真实,更能身临其境,反应也会更直接,会以丰富的语言来表达,总之,设计应该更加贴近小班幼儿的现实生活经验和发展水平。

2. 教育活动应更真实

在幼儿分组进行模拟打电话环节,教师只给出幼儿打电话的对象,如爸爸、妈妈、爷爷、奶奶等,却并没有给出打电话的具体内容和相关主题。由于只是模拟打电话,电话另一端并没有人来回应幼儿,因此,有部分小朋友在打电话时不知道应该说什么,拿着电话不出声;还有一部分小朋友只是简单重复教师之前示范的内容;甚至有些小朋友将注意力放在电话玩具上,只顾着玩电话玩具;只有少数几名幼儿在教师的指导下能够使用简单的礼貌用语,"假装"打电话,进行简单的对话交流。若教师能为不同小组的幼儿设计一定的对话主题,甚至让幼儿真正地打电话(这并不难实现,给其他老师打电话,给爷爷、奶奶打电话,都是可以的),引导幼儿进行较为真实、生动的对话,就会使幼儿真正进入情境中,有话可说,教师也会有意识地去引导幼儿恰当使用礼貌用语。

科学教育(科学探究)活动实录

四、科学教育(科学探究)活动:"小海绵旅行记"(科学:感知海绵的特性)

(一)活动设计

班级:小四班　　执教教师:康泉新城幼儿园　任亚楠　　配班教师:蒋楠、杜京

活动名称	"小海绵旅行记"(科学:感知海绵的特性)
设计依据	1. 对应《指南》中科学领域对小班幼儿的目标要求:"能感知和发现物体和材料的软硬、光滑和粗糙等特性。""能用多种感官或动作去探索物体,关注动作所产生的结果。" 2. 幼儿对海绵感兴趣,经常看到老师用海绵拖把拖地,也用海绵玩过手印画,对海绵的用处有些基本认识,且幼儿对物体的软硬特性已有初步理解和判断。 3. 关联社会领域、语言领域的学习。在"小海绵旅行"的情境中渗透同伴交往,也渗透语言学习。 4. 与"我的好朋友"主题活动相联系。以好朋友为主线,通过和海绵一起"游戏",感知海绵的基本特性。
活动目标	1. 情感目标:乐意参加探索海绵的活动。 2. 知识、能力目标:通过观察和操作,初步感知海绵柔软、能变形、会吸水的特性,并尝试用语言表达出来。
活动重点	了解海绵柔软、能变形、会吸水的特性。
活动难点	1. 通过观察和操作感知海绵能变形的特性。 2. 在感知海绵能变形的环节中,提示能力强、提前完成操作的幼儿尝试体验更难的环节——"让小海绵钻不同大小的三角形",更深刻地感受海绵能变形的特性。
经验准备	在活动开展前,幼儿与家长一起寻找家中的小海绵,与教师一起寻找班中的小海绵,对小海绵有了初步的认识。
环境和材料	环境准备:创设科学墙饰——"我和小海绵做游戏" 材料准备: (1) 人手一块海绵; (2) 人手一份装有水(有颜色的水)的透明塑料盒; (3) 人手一份有不同大小洞洞的纸箱; (4) 六块抹布。

续表

活动过程			
步骤	教师指导	幼儿活动	活动意图
一、出示小海绵,激发幼儿的兴趣,让幼儿感知海绵柔软的特性(2分钟)	1. 引导语:前几天我们一起在幼儿园里找小海绵,跟他一起玩捉迷藏,他可喜欢你了,今天他还想跟小朋友们一起做游戏。现在他就躲在你的椅子下面,请你轻轻地把他放在你的手里。我们一起来跟他打个招呼吧。 2. 提问: 小海绵摸起来什么感觉?(软软的。)(关键性提问)	幼儿通过摸、捏感知并表达出海绵柔软的特性。(幼儿观察、表达)	唤起孩子的兴趣。
二、在操作活动中,探索海绵能变形的特性(6分钟)	1. 设置情境,幼儿猜想。 引导语:软软的小海绵今天要带小朋友去他的魔术小屋玩一玩。你们快来看看小海绵的魔术小屋,小屋上有什么形状的窗户呢? 小海绵说他的魔术就是可以从这些小窗户钻进去,可是小海绵这么大,窗户这么小,他能成功地钻到里面去吗? 有的小朋友认为能,有的小朋友认为不能,动手去试试吧! 2. 验证猜想,操作尝试,初步探索海绵能变形的特性。 引导语:请你和你的小海绵轻轻地走到一个魔术小屋去试一试,你可以多试几次,看一看你的小海绵能不能从这些小窗户钻进去。(幼儿尝试让小海绵进纸箱。) 提问: (1)能进去吗? (2)怎么进去的? (关键性提问)从哪个小窗户进去的? (3)换一个小窗户试试,也能进去吗?(4)多试几个,每个	幼儿带着他的小海绵朋友钻窗户,通过将海绵塞进窗户感知海绵能变形的特性。	引导幼儿在每个窗户都试一试,充分感知海绵能变形的特性。 (紧扣易变形的关键特点)

续表

活动过程			
步骤	教师指导	幼儿活动	活动意图
二、在操作活动中,探索海绵能变形的特性(6分钟)	窗户小海绵都能进去吗?(5)为什么每个小海绵都能进去?(关键性提问) 3. 小结: 原来他的身体软软的,只要用点力就能变形。(总结性归纳)小海绵刚刚和小朋友一起变魔术,可高兴啦。		
三、在游戏活动中,体验海绵会吸水的特性(6分钟)	1. 引导语:柔软的小海绵刚刚带我们去了他的魔术小屋,给我们表演了他会变形的本领。现在小海绵有点脏了,我们帮他洗洗澡吧。我这里为小海绵准备了好了泡泡浴,你只要轻轻地把小海绵放进去,就会有神奇的事情发生。哦!咱们一起去试试看吧! 2. 提问:你发现小海绵的洗澡水怎么了?水去哪儿了? 3. 小结:原来海绵还能吸水呢!	幼儿将小海绵放到装有水的小塑料盒子里,观察小海绵吸水的过程及小海绵吸水以后的变化(外形、颜色、重量、触感等),感知海绵会吸水的特性。	引导幼儿观察海绵的变化并尝试使用"吸收"一词。
四、联系生活,拓展经验(2分钟)	1. 师生共同小结。 我们的小海绵朋友的本领可真多呀,他的身体软软的,能变形,还会吸水,今天和小海绵做游戏可真有趣。天不早了,小海绵又要回家了,下次我们再和小海绵一起做游戏吧! 2. 延伸。 小海绵真能干,软软的,会变形,还能吸水,生活中海绵的作用也不少,我们一起去找一找吧。小朋友们先喝点水,然后我们可以玩玩"运水游戏"哦。(与生活紧密联系,注意引到家园合作上)		总结和延伸。

续表

活动过程			
步骤	教师指导	幼儿活动	活动意图
活动评价	1. 在活动中侧重观察幼儿将小海绵塞进小窗户的方法,观察幼儿是否在大大小小的窗户都试过了,来判断幼儿在探索中的方法是否恰当。 2. 对幼儿在探索活动中良好的行为要评价,如轻轻放海绵,实验时不随意走动,等等。 3. 在活动的最后,幼儿能够你一言我一语地说出海绵柔软、能变形、会吸水的特性即可。		
活动延伸			

1. 美工区:投放海绵拓印,了解海绵会吸水的用处。将幼儿的作品展示和保存,融入环境装饰中。(与艺术领域整合)

2. 科学区:尝试用海绵玩"运水游戏"。

3. 语言活动:集体观看《海绵宝宝》动画节选,再一次感受海绵的多种特点,尝试用完整的语言说出海绵宝宝和其他动物不同的地方。(与语言、社会领域整合)

(二) 活动形成说明

康泉新城幼儿园　　任亚楠

海绵在我们的生活中运用得非常广泛,比如海绵垫、海绵拖把、洗碗布,还有一些美术用品,比如海绵刷、海绵印等,这些与我们的生活和游戏都密切相关。小班幼儿喜欢在美工区用海绵刷和海绵印来作画,对海绵很感兴趣,并且对海绵的用处有一些初步的感知。因此,我们以幼儿身边的海绵为探索主题设计了这个活动。

这个活动故事情节简单,充满乐趣,容易引起幼儿探索的兴趣,且游戏融入教育活动过程中,符合小班幼儿的年龄特点和学习特点。小班幼儿年龄小,独立性差,爱模仿,思维仍带有直觉行动性,主要依靠动作进行,需要在亲身体验、探索中去发现事物的特征。正如《纲要》所述:"既适合幼儿的现有水平,又有一定的挑战性。""既贴近幼儿的生活来选择幼儿感兴趣的事物和问题,又有助于拓展幼儿的经验和视野。"

在目标制订上,根据《指南》中科学领域对小班幼儿的目标要求"对感兴趣的事物能仔细观察,发现其明显特征;能用多种感官或动作去探索物体,关注动作所产生的结果",结合班级幼儿的发展水平和需要,本次活动设定了以下两个目标——(1)情感目标:乐意参加探索海绵的活动;(2)知识、能力目标:通过观察和操作,初步感知海绵柔软、能变形、会吸水的特性,并尝试用语言表达出来。本次活动的重点是了解海绵柔软、能变形、会吸水的特性,难点在于通过观察和操作感知海绵能变形的特性。为把握重点采用的方法:丰富幼儿的知识经验,设计相关游戏情节,让幼儿通过摸、捏、试的方法加深对海绵特性的感知;为突破难点所采用的方法:通过观察海绵形状的变化、反复尝试钻多个窗户的方法,使幼儿感知海绵能变形的特性。

根据以上的目标分析,我做了如下活动准备。

1. 经验准备:在活动前请家长和幼儿共同寻找生活中的海绵,并请幼儿带来幼儿园与小朋友一起分享。在班级活动中设计了"我和海绵捉迷藏"的游戏,寻找班级中的海绵。

2. 材料准备:材料可以引起幼儿的探索兴趣,是幼儿探索的保障。为保证科学活动的严谨性和安全性,活动材料规格一致、人手一份,便于幼儿观察和探索,颜料选用可食用的有色颜料,避免幼儿因误食出现安全问题。在先后三次试课和教研过程中,在如何引导幼儿感知海绵能吸水的这一特性上做了多次的调整:第一次我们设计了小海绵玩累了,想喝点能量水来补充能量的情节,并选用无色水进行实验,我们发现在经验小结和梳理的过程中不利于幼儿观察和回答"水去哪儿了?"这一问题。于是,在第二次试课时,我们将无色水换成了粉色的颜料水,但在幼儿的操作实验中出现了有小朋友偷偷尝"能量水"的现象,因为小班幼儿的思维仍然以具体形象思维为主,并对感兴趣的事物充满好奇,幼儿看到好看的"能量水",不免会出现想尝一尝的冲动,但该活动中的"能量水"不能绝对地保证卫生、安全。所以,在第三次试课时,我们将"能量水"改成"洗澡水",避免幼儿品尝的安全隐患,并将颜料调整为食用色素,降低因幼儿误食发生的危险。但因色素的上色效果明显,在实验中幼儿的手指被水染红,这容易分散幼儿的注意力,所以在正式上课时,我们又将食用色素调换为"玫瑰茄"(有色茶),既解决了安全问题,又能使幼儿喜欢;既能便于幼儿观察,又不会分散幼儿的注意力。在课后我们又利用过渡环节请小朋友玩"运水游戏",引导幼儿更深刻地理解海绵能吸水的特性。

整个活动过程主要以观察法、操作实验法为主。小班幼儿的思维具有明显的具体形象性特点,因此在活动中贯彻直观性原则非常重要。本次活动依次教师通过感官触摸、试一试让海绵钻洞、给海绵洗澡来引导幼儿观察海绵吸水的过程,完成感知海绵柔软、能变形、会吸水特性的目标。

我认为幼儿的科学教育不能只重视活动的结果,更应该重视活动的过程,重视幼儿在过程中习得喜欢探索的精神,激发幼儿在游戏中获得知识的能力。本次活动不仅让幼儿感受到了操作的快乐,还提高了幼儿的观察力和动手能力。在活动中,我们从孩子的兴趣出发,引导幼儿在亲自操作的活动中了解了海绵的特性,积累生活经验,并通过情境提问来吸引孩子的注意力,激发孩子探索的积极性。在活动中我们应更加善于引导幼儿,善于抓住幼儿的心理,和幼儿进行良好的互动,那么幼儿学得才会更起劲,更有兴趣。

(三) 活动过程实录

康泉新城幼儿园 任亚楠

一、对于本次教育活动的认识

本次教育活动的重点是结合幼儿已有的认知和经验,设计相关游戏情节,让幼儿通过摸、捏、试的方法感知海绵柔软、能变形、会吸水的特性。

二、情境与问题

一次一名小朋友喝水时不小心把水撒在了地上,我看见了,连忙拿来海绵拖把将水渍擦掉,另一个小朋友看见了,就对我说:"老师,我们家也有这个。"其他小朋友看见了也纷纷说:"我们家也有这个!一模一样!"于是我就问孩子们:"那你们知道这个是用什么做的吗?"有的小朋友说:"不知道。"有的小朋友说:"我知道,是海绵,是海绵!"于是我又问:"为什么要用海绵呢?"有的孩子就说:"因为能擦干净。"老师问:"我们的家里还有哪些地方藏着小海绵呢?你们回家和爸爸、妈妈去找一找,回来跟大家分享,好不好?"第二天有许多小朋友带来了他们在家中找到的小海绵,有洗碗用的,洗脸用的,还有玩具里的,有的小朋友还在沙发里找到了海绵。有小朋友感叹道:"哇,小海绵太厉害了,可以干这么多事情。"

三、活动过程

(一) 感知小海绵柔软的特性

1. 过程实录

　　教师引导语:"前几天我们一起在幼儿园里找小海绵,跟他一起玩捉迷藏,他可喜欢你们了,今天他还想跟小朋友们一起做游戏。现在他就躲在你的椅子下面,请你轻轻地把他放在你的手里。我们一起来跟他打个招呼吧。"

　　幼儿在教师的带动下,也马上热情地跟小海绵打起了招呼:"你好!小海绵!"

　　教师引导语:"用你的小脸贴贴小海绵,抱一抱他,把他拿在手里,和他说说悄悄话。"

　　(幼儿纷纷拿着小海绵贴贴自己的小脸,或抱一抱,或放在手里捏一捏,快乐地玩着小海绵。)

　　教师边捏捏小海绵边提出关键性提问:"小海绵摸起来什么感觉?"

　　幼儿们也学着老师的样子轻轻地捏着小海绵,自然而然地回答道:"软软的。"(图3-26。)

图3-26　"小海绵摸上去是软软的!"

　　2. 分析

　　结合小班幼儿的年龄特点,教师充分利用情感带动、适当的动作提示等策略,首先请幼儿通过贴贴脸、抱一抱等与小海绵亲近的方式,激发幼儿对小海绵的喜爱与兴趣,然后请幼儿通过摸一摸、捏一捏的方式感知海绵柔软的特性,教师提出关键性问题:"小海绵摸起来什么感觉?"小朋友们在和小海绵充分接触后都能说出小海绵是"软软的"这一特性。

　　(二)感知小海绵能变形的特性

　　1. 过程实录

　　教师引导语："软软的小海绵今天要带小朋友去他的魔术小屋玩一玩。你们快来看看小海绵的魔术小屋,它跟我们的屋子有哪些不一样的地方?"(图3-27、图3-28。)

　　　　图 3-27　魔术小屋(正面图)　　　　　　　图 3-28　魔术小屋(背面图)

　　幼儿 A:"上面有好多三角形。"

　　教师回应:"对! 上面有好多三角形。还有吗?"

　　幼儿 B:"上面还有方形。"

　　教师回应:"嗯,上面还有很多正方形。"

　　教师追问:"那小海绵是什么形状的?"

　　幼儿们回答:"圆形的。"

　　教师引导语:"小海绵说他的魔术就是可以从这些小窗户钻进去,你觉得小海绵能成功地钻到里面去吗?"

　　有的幼儿回答:"能。"

　　有的幼儿回答:"不能。"

　　教师引导语:"有的小朋友认为能,有的小朋友认为不能,怎样才能知道小海绵能不能成功呢? 我们动手去试试吧!"

　　(幼儿操作实验结束后……)

　　教师:"刚刚你的小海绵成功了吗?"

　　幼儿:"成功了!"

　　教师:"谁愿意跟我们分享一下你的小海绵是怎么成功的呢?"

　　(请个别幼儿演示实验过程,帮助其他幼儿回忆实验过程,梳理相关经验。)

　　教师提问:"小海绵在钻小窗户的时候,身体有什么变化?"

幼儿纷纷回答:"变小了。"

教师:"为什么小海绵会有这个变化,能成功钻进小窗户里呢?"

幼儿 A:"因为小海绵变小了,变小了他就能钻进去了。"

教师回应:"很好,还有谁愿意说一说?"

幼儿 B:"因为小海绵软软的,我一捏他,他就能变小。"

教师小结:"嗯,因为小海绵的身体软软的,只要用点力,他的身体就会发生变化。"教师边说着边用手用力捏捏小海绵,引导幼儿观察小海绵外形的变化。

2. 分析

本环节通过设计情境"小海绵钻窗户"的方式,引导幼儿带着小海绵做游戏,在将小海绵塞进窗户的过程中感知海绵能变形的特性。为了帮助幼儿理解变形的特点,教师首先引导幼儿关注小窗户的各种形状,并猜测"圆形的小海绵能钻进小窗户吗?"在幼儿动手操作的过程中,有些幼儿很快就把所有小窗户都试过了,于是教师又交给幼儿新的任务,试试三个不同大小的三角形窗户,小海绵能不能成功钻过去,鼓励幼儿多尝试,感知小海绵在不同大小的窗户里变形的现象(图 3-29)。有些幼儿则不敢将海绵塞进小窗户,并且认为小海绵不能钻到窗户里,此时教师会给予幼儿适当的示范和鼓励,引导幼儿在动手操作的过程中获得成功感,并且发现小海绵在钻窗户时外形的变化,感知海绵变形的特性。在小结环节,教师做了两个调整。第一个调整是适当运用操作材料,便于幼儿准确表达。例如,第一次试课时,请幼儿上来分享自己的发现,幼儿由于没有把实

图 3-29 "你的小海绵钻进去了吗?"

验材料带上来,单靠对之前实验经验的回忆,对于海绵能变形的回答不太理想;观察到此现象,教师马上将自己的实验材料递给幼儿,幼儿拿着材料,边将小海绵塞进小窗口,边很自然地表达出观察到的现象:"小海绵变小了,就能钻进小窗户了。"由此可知,任何环节的设计都应考虑幼儿的年龄特点,小班幼儿具有明显的直观形象化的思维特点。所以本次活动便根据试课中出现的问题做了相应的调整,结合小班幼儿的感知特点,请幼儿带着自己的操作材料到前面与大家分享,便于幼儿能够较为准确地表达出海绵变形的特点;同时,采用这种个别幼儿实验展示的方式,帮助全体幼儿更加直观地观察到,梳理总结出经验,有效实现经验的共享。第二个调整是采用便于幼儿理解的语言进行梳理。例如,幼儿能够表达出海绵在钻窗户时会变小,能够感知海绵变形的现象,但表达较困难,教师在小结时根据幼儿的回应情况,做了一些调整,将"只要用点力,它的身体就会发生变形"改为"只要用点力,它的身体就会发生变化",将"变形"改为"变化",这样调整更容易幼儿为接受和理解。

(三) 感知海绵会吸水的特性

1. 过程实录

教师引导语:"柔软的小海绵刚刚带我们去了他的魔术小屋,给我们表演了他会变形的本领。现在小海绵有点脏了,我们帮他洗洗澡吧。我这里为小海绵准备了好了泡泡浴,你只要轻轻地把小海绵放进去,就会有神奇的事情发生哦!咱们一起去试试看吧!"(图 3-30。)

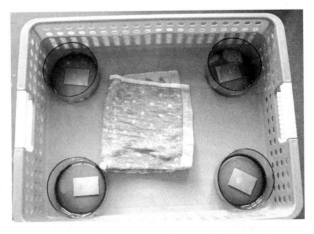

图 3-30　装有水的透明塑料盒(有颜色的水)

（幼儿操作实验结束后⋯⋯）

教师边演示小海绵放在"浴缸"里把水吸走的样子边提问："小海绵跳进浴缸之后发生了什么？"（举起空空的"浴缸"。）

幼儿看到空空的"浴缸"，回答道："小海绵的洗澡水没有了。"

教师追问："你发现小海绵的洗澡水怎么了？水去哪儿了？"（举起被洗澡水染红的小海绵。）

幼儿 A 指着老师手里的小海绵说："在小海绵上面。"

教师追问："水怎么到小海绵身上去了呀？"

幼儿 B："是小海绵把水吸上去的。"

教师小结："原来海绵还能吸水呢！"

2. 分析

本环节创设了游戏情境"给小海绵洗澡"，请幼儿观察小海绵吸水的过程以及小海绵吸水后的变化（外形、颜色、触感等），通过关键性提问"你发现小海绵的洗澡水怎么了？水去哪儿了？"引导幼儿感知海绵会吸水的特性。

在动手操作的过程中，幼儿对给小海绵洗澡的游戏情境很感兴趣，并且能很容易地观察到小海绵因为浸到红色的水中所以变红了，小海绵的洗澡水没有了，都到小海绵的身体上去了。在该环节中幼儿感知到了小海绵能吸水的特性。但在小结梳理的过程中，因幼儿年龄特点及发展水平的限制，幼儿对小海绵会吸水的表达有困难，所以在小结时幼儿能说出"水到海绵的身体上了""小海绵把水吸走了"即可（图 3-31、图 3-32）。

图 3-31　"水去哪儿了？"

图 3-32　"水跑到海绵上了！"

四、教育建议

1. 在活动开展前,鼓励幼儿和家长在家中找找小海绵藏在哪,发现海绵在生活中的作用,为活动做前期准备。

2. 在活动中侧重观察幼儿将小海绵塞进小窗户的方法,观察幼儿是否在大大小小的窗户都试过了,来判断幼儿在探索中的方法是否恰当。

3. 对幼儿在探索活动中良好的行为要评价,如轻轻放海绵,实验时不随意走动,等等。

4. 在操作中鼓励幼儿多尝试,对幼儿优秀的科学精神(如敢于探索、不怕困难、爱动脑筋等)给予肯定。

5. 在活动的最后,幼儿能够你一言我一语地说出海绵柔软、能变形、会吸水的特性即可。

6. 在"感知海绵会吸水的特性"这一环节中,教师要事先测量塑料盒中的水量,若水量过多,海绵的吸水力不足,无法把盒中的水都吸光,不便于幼儿感知海绵吸水的特性;若水量过少,海绵吸水过少,吸水不明显,也不便于幼儿感知海绵的吸水性。另外不同海绵、新旧海绵的吸水力也是不同的,在本次活动中,考虑到科学活动的严谨性,教师用实验滴管测量出 6 毫升的水最为适合。但由于实验时使用的是旧海绵,而孩子操作时使用的是新海绵,未考虑到新旧海绵吸水力的差异,本次活动发生了实验中水量较少的情况,海绵吸水的现象表现得不明显,个别实验材料不利于幼儿的观察,由此可知"备教材"的重要性。

五、活动延伸

1. 与艺术领域整合,在美工区投放海绵拓印,了解海绵吸水的用处。将幼

图 3-33　"怎么用小海绵运水呢？"

儿的作品进行展示和保存，融入环境装饰中。

2. 利用海绵能吸水的特性，在活动后或科学区设计"海绵运水"的游戏，引导幼儿再次感知海绵会吸水的特性(图 3-33)。

3. 与语言领域整合，在语言活动中集体观看《海绵宝宝》动画节选，再一次感受海绵的多种特点，尝试用完整的语言说出海绵宝宝和其他动物不同的地方。

（四）专家评议(高潇怡)

物体和材料在幼儿身边普遍存在，是幼儿园科学教育的常见主题。传统的科学教育活动更多地是对材料基本属性的介绍和简单的感知，从幼儿的角度出发，引导幼儿通过探究了解物体和材料的特性的活动相对不足。"小海绵旅行记"这一针对小班幼儿的科学活动无疑是一个很好的尝试。

海绵是幼儿在日常生活中教育常见的东西，幼儿对海绵的前期经验也主要停留在知道上。"小海绵旅行记"利用幼儿已有的前期经验，不简单停留在幼儿知道"海绵"这一事实的认知层面，引导幼儿通过亲身体验和探究来进一步理解海绵的特性——柔软、会变形、能吸水，这些特性是明确的，又是能够通过动手和多感官体验来感知的，因而是对幼儿前期经验的有效拓展和丰富。从这个意义上来看，这是一个合适的、有意义的主题。

幼儿科学教育的起点和最重要的目标应该是激发幼儿的好奇心。设置合适的问题来引发幼儿探究就显得尤为重要。在活动中，教师一方面使用了"小海绵摸起来什么感觉？"这样的问题将孩子们从惯常的"看"引向了"摸"，拓展了孩子们"观察"的方式，使孩子们很自然地实现了多感官感受；另一方面，又借助一个情境设计和问题"小海绵说他的魔术就是可以从这些小窗户钻进去，可是他这么大，窗口这么小，小海绵能成功地钻到里面去吗？"成功地激发起幼儿探究的热情，使得幼儿的活动自然过渡到对海绵"变形"特性的猜想上。

幼儿对于周围物质世界的了解要靠他们的探究。探究的意义在于让幼儿获得有意义、有价值的经验。在这个活动中，"柔软、会变形、能吸水"作为海绵的三个特性成为探究的线索，教师通过精心编制的有准备的问题和情境，引发孩子们的探究，并且给了孩子们充分的时间、充分的机会去感知和发现：小海绵是否可以从每一个不同形状、不同大小的小窗户钻进去？教师用关键性提问"能进去吗？""怎么进去？"引导幼儿验证猜想；同样，对于海绵能吸水的特性，教师通过提问"你发现小海绵的洗澡水怎么了？"来引导幼儿观察、比较，进而获得发现，在整个过程中，颜色的变化、大小的变化、水的消失，成为幼儿最直接的体验，从而使幼儿进一步理解海绵能吸水的特性。

科学教育活动是培养幼儿科学态度的活动，尊重事实是应持的最重要的一种态度。尊重事实不是口号，也不能说教。亲身的体验和尝试、验证是幼儿了解事实的最有效的途径。"小海绵旅行记"活动的每一环节都指向孩子们对于事实的尊重。"能进去吗？""水去哪儿了？"这些问题将孩子们的主观猜想引向了"以事实为基础的判断"，进而让他们自然体验了事实在科学发现中的价值，懂得用事实说话的重要性，也体验到发现的乐趣。

科学源自生活，科学在生活中无处不在，将课堂中的科学探究延伸到生活中，引导幼儿有一双善于观察和发现的眼睛，是科学教育更深厚的意义。在这个活动中，教师保持了这一份敏感，通过美工区、科学区、语言区的设计和材料投放，较好地体现了多领域整合的思路，因而有可能将科学探究活动不断引向持续和深入。

幼儿园科学教育活动处在一个不断尝试和前行的过程中，仍然有很多问题值得思考，例如：如何关注并发现幼儿有价值的提问并以他们的问题入手展开探究？如何减少教师在活动过程中的"主导"和"操控"，不断指导活动深入？如何能够真正倾听幼儿、基于对幼儿的倾听提出问题，从而不断深化幼儿的思考？这些问题值得广大幼教实践工作者不断探索和实践。

五、科学教育（数学认知）活动：拔萝卜（数学：4 以内的按数取物）

（一）活动设计

班级：小一班　　　　执教教师：华洋紫竹幼儿园　季佳音

活动名称	拔萝卜（数学：4 以内的按数取物）
设计依据	1. 对应《指南》中科学领域在数学认知方面对小班幼儿的目标要求："能手口一致地点数 5 个以内的物体，并能说出总数。能按数取物。" 2. 根据幼儿的年龄特点，创设"拔萝卜"的情境，激发幼儿参与活动的兴趣。 3. 关联社会领域、语言领域的学习。在游戏情境中渗透同伴交往、分享和感谢意识。 4. 与"我的好朋友"主题活动相联系。
活动目标	1. 幼儿在游戏活动中能专注听要求按数取物（4 个以内的实物）。 2. 幼儿能边取物边手口一致点数并能说出总数。 3. 幼儿在游戏中感受计数活动的乐趣，体验分享的快乐。
活动重点	1. 幼儿理解取物的数量要求，通过复述短时记住。 2. 幼儿能在按数取物情境中手口一致点数，基本做到准确地按数取物。 3. 幼儿加深理解 4 以内数的实际意义。
活动难点	1. 幼儿能在按数取物情境中手口一致点数，基本做到准确地按数取物。 2. 在加入简单颜色条件后，幼儿同时关注数字和颜色两个方面，仍能准确选择和点数。
经验准备	幼儿已学习认读 4 以内的数，并学习手口一致地点数 4 个以内的实物。
环境和材料	1. 创设"拔萝卜"的情境，包括"萝卜地"四块、可采摘的"萝卜"若干（图 3-34）。 图 3-34　"萝卜地"

| 环境和
材料 | 2. "兔妈妈"头饰一个(图3-35)。

图3-35　"兔妈妈"头饰

3. 小、中、大货车图片各一个(图3-36),白板或黑板一个。

图3-36　小、中、大"小货车"图片

4. 每位幼儿一个小筐,适合幼儿取用;3个大筐,教师用来收集幼儿拔的"萝卜"(图3-37)。

图3-37　小筐、大筐 |

| 环境和材料 | 5. 贴有小熊猫、小羊、小马、小牛卡片的大筐共 4 个(图 3-38)。

图 3-38　贴有各种动物卡片的大筐

6. 一张画有 4 个小黑点的卡片(图 3-39)。

图 3-39　一张画有 4 个黑点的卡片

7. 每位幼儿一张小卡片,每张卡片上画有一定数量(2~4 根不等)、某种颜色(红色或绿色)的"萝卜"(图 3-40)。
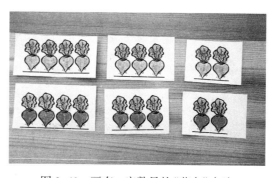
图 3-40　画有一定数量的"萝卜"卡片 |

活动过程(15~20分钟)			
步骤	教师指导	幼儿活动	活动意图
一、引入"拔萝卜"的情境(1分钟)	1. 今天老师和小朋友一起做个游戏:小兔子拔萝卜。我是兔妈妈,你们是我的兔宝宝。 2. 你们看,这里就是我们小兔子家的"萝卜地",萝卜叶子绿绿的,美不美呀?可是妈妈没有看到萝卜,萝卜在哪儿呢?……你们观察得真仔细呀! 3. 宝宝们,来看看,我们家有多少块"萝卜地"?我们一起来数一数,举起你的小手,大声帮妈妈数一数[老师在"萝卜地"后面带着幼儿手口一致点数]:一,二,三,四,一共几块"萝卜地"呢? 4. 我们家有这么多"萝卜地",妈妈一个人拔萝卜太辛苦了,谁愿意帮妈妈拔萝卜呢?[问两个孩子,招呼几个看别的地方的孩子](愿意),你们都愿意,妈妈太高兴了[搂一下孩子]。	幼儿坐在小椅子上。 答:在土里、在下面、在盒子里面。 答:四个。 (幼儿一起手口一致点数,说出总数。)	调动幼儿参与活动的兴趣。 复习4以内点数,温习手口一致点数。 为转入游戏"按数拔萝卜"做铺垫,与妈妈交流感情。
二、游戏"按数拔萝卜"(11分钟)	(一)"兔妈妈"带领一名幼儿示范"按数拔萝卜"(2分钟)。 1. 今天我们要用小货车来装萝卜。你们看,这辆小货车不大,只能每个小宝宝拔三根萝卜放在车里,太多了,小货车就开不动啦。所以每个宝宝拔三根萝卜[做手势],不要多,也不要少啊。哪位宝宝愿意到前面来拔三根萝卜?	幼儿注意听老师的要求。 [有孩子举手。]	引出游戏"按数拔萝卜",突出"按数"要求。

活动过程(15~20分钟)			
步骤	教师指导	幼儿活动	活动意图
二、游戏"按数拔萝卜"(11分钟)	2. 好,你先来[过去领过来,蹲在"萝卜地"后面,面对大家],宝宝,刚才妈妈说要拔几根萝卜啊?很好,宝宝很棒,我们一起拔三根萝卜,[慢说、重复]一边拔一边数,一,二,三,[扶着孩子的手,每拔一根就举一下,再放到篮子里]还能再拔吗?(不能了。)再拔就多了。 3. 宝宝们,你们看她一边拔一边做什么?(数)对了,一边拔一边数,[重复、动作夸张示范]一,二,三,举起你们的小手,一起来拔三根萝卜,一边拔一边数,一,二,三。 (二)第一次"按数拔萝卜"(3分钟):每个宝宝拿着小筐到"萝卜地"拔三根萝卜,拔完后坐回小座位上,"兔妈妈"开着"小货车"来收"萝卜"。 1. 好,每个小宝宝的座位下藏了一个小筐,拿出这个小筐,[等孩子们拿出来]每个宝宝拿着小筐到"萝卜地"拔三根萝卜,一边拔一边数,妈妈仔细听,听听哪位宝宝一边拔一边数。[做出倾听状][稍后]拔完后坐回小座位上,等妈妈来收萝卜。 2. [逐一检查、询问每个孩子,收集"萝卜"] 你拔了几根萝卜?你拔了三根萝卜。 [幼儿不说、说错、数目不对]你能不能拿三根萝卜送给妈妈,一边拿一边数?[必要的情况下老师带着孩子一起数。]真棒,好极了,谢谢。	一名幼儿跟随教师"拔萝卜"。 复述"拔萝卜"的数。 幼儿回答。 幼儿一边拔一边数。 幼儿围蹲在"萝卜地"周围,一边"拔萝卜",一边手口一致点数。	示范如何"按数拔萝卜",引导幼儿复述数量,加深短时记忆,将手口一致点数与取物结合。 强调"一边拔一边数",手口一致点数。 根据幼儿取物的情况进行反馈和指导。

活动过程(15~20分钟)			
步骤	教师指导	幼儿活动	活动意图
二、游戏"按数拔萝卜"(11分钟)	(三) 第二次"按数拔萝卜"(3分钟):"兔妈妈"用拍手的方式请兔宝宝们"拔两根萝卜"。 1. 第一辆小货车装满啦,看!妈妈又开来一辆小货车,这辆小货车比刚才那个小了一些,那这辆小货车能装多少萝卜呢? 这次妈妈用拍手告诉宝宝拔几根萝卜,宝宝要认真听,都竖起小耳朵了吗? [啪啪两下,稍慢]拔几根萝卜呢? [问两三个宝宝,有不清楚的,再拍给他们听。]		变换出示数的方式为拍手次数,唤起幼儿的兴趣。
	2. 好,还拿着你的小筐,来"萝卜地"拔萝卜,一边拔一边数,妈妈听听谁数得清楚。拔完了回到小座位上,妈妈来收。	听"兔妈妈"的要求,复述要求的数量。	
	3. [逐一检查、询问每个孩子,收集"萝卜"]同上。	幼儿围蹲在"萝卜地"周围,一边拔"萝卜"一边手口一致点数。	引导幼儿复述数量,加深短时记忆。强调"一边拔一边数"。 反馈与指导。
	(四) 第三次"按数拔萝卜"(3分钟):"兔妈妈"用点卡的方式请"兔宝宝"们拔四根"萝卜"。 1. 大货车开来喽,这辆货车比刚才两辆都大。这次我们的大货车要装多少萝卜呢?		
	2. 噔噔噔[拿出黑点卡片],卡片上有几个黑点呢? 一起数一数[带着幼儿一起手口一致点数]。(四个。)对了,这次请宝宝拔四根萝卜。[多问几个孩子]要拔几根呀? (四根)拔四根萝卜,记住喽(不要多也不要少)。	听"兔妈妈"的要求,复述要求的数量。	变换出示数的方式为用卡片数点,唤起幼儿兴趣。
	3. 宝宝到"萝卜地"拔萝卜吧,妈妈听听谁一边拔一边数。拔完的宝宝坐回座位上,妈妈来收了。 [逐一检查、询问每个孩子,收集"萝卜"]同上。	幼儿围蹲在"萝卜地"周围,边拔边数。	引导幼儿复述数量,加深短时记忆。强调一边拔一边数。 反馈与指导。

活动过程(15~20 分钟)			
步骤	教师指导	幼儿活动	活动意图
三、游戏"按数送萝卜"：巩固"按数取物"(6分钟)	请幼儿将拔的"萝卜"分别送给小熊猫、小马、小羊、小牛进行分享(6分钟)。 1. [指着三辆货车]宝宝真能干，帮妈妈拔了这么多萝卜，我们有了这么多萝卜，你们知道妈妈想什么呀？想送些给其他小动物，比如小熊猫、小马、小羊、小牛，让他们也尝尝我们"萝卜地"里的萝卜，宝宝们愿意吗？(愿意。)太好了。 2. 我们要送给他们多少萝卜呢？我把这个小秘密画在了这张小卡片上。每个宝宝把小筐放在腿上，妈妈把卡片放在你们小筐里。 3. [发放小卡片]数数，你的卡片上画了几根萝卜？[问三个孩子]你的卡片上画了几根萝卜呢？ 4. 你们看，这两张卡片上都是三根萝卜，它们一样吗？它们有什么不同呢？(红萝卜、绿萝卜。)这是三根红萝卜，这是三根绿萝卜。噢，原来是这个兔宝宝要拿三根绿萝卜送给自己喜欢的小动物，那个兔宝宝要拿三根红萝卜送给自己喜欢的小动物。 5. 卡片上是红萝卜的宝宝，举起你的卡片，让兔妈妈看看。卡片上也是绿萝卜的宝宝，举起你的卡片，也让兔妈妈看看。	幼儿回答问题。 幼儿观察卡片，手口一致点小卡片上的"萝卜"数。 幼儿回答。 幼儿观察和说出卡片上"萝卜"的颜色。	培养幼儿乐于分享的意识，按数物取。 难度稍有提高，每个孩子有一张卡片，所取数目不完全相同。引导幼儿手口一致点数，说出总数。 引导孩子关注不同颜色的"萝卜"，取"萝卜"时考虑数量和颜色两个条件。

续表

活动过程（15~20 分钟）			
步骤	教师指导	幼儿活动	活动意图
三、游戏"按数送萝卜"，巩固"按数取物"（6 分钟）	6. 好，你们拿着自己的小筐到"萝卜"筐里按图片选"萝卜"，一边选一边数，我还要听听谁一边选一边数。选完后坐回到座位上。	幼儿围蹲在"萝卜"筐周围，一边选"萝卜"一边手口一致点数。	强调"一边选一边数"。
	7.〔逐一检查、询问每个孩子，带两种颜色的"萝卜"若干，以备纠正幼儿的错误时选用。〕		反馈与指导。
	8. 小宝宝，你们都按着卡片选好了萝卜，现在你们端着小筐站起来，排好队，跟着妈妈把萝卜送给你喜欢的小动物。〔送完后老师把筐收起来。〕	幼儿将"萝卜"送给自己喜欢的小动物。	
	小结：宝宝们，你们今天非常能干，妈妈要谢谢你们，小熊猫他们也说要谢谢你们，他们想与你们交朋友。		
活动评价与反思	1. 在"小兔子拔萝卜"的游戏中，孩子们很快以轻松愉快的情绪进入到数学游戏活动中。先后出现三辆大小明显不同的"小货车"，孩子们能观察和比较小货车装"萝卜"的多少，能理解按数取物的不同数量要求。 2. 在教师的示范和引导下，孩子们能复述数量要求，加深短时记忆。而且，在"拔萝卜"的过程中，他们能一边拔一边数数，绝大部分幼儿都能够准确地"按数取物"，表现得都很好。 3. 在活动中逐一检查了每个孩子"拔萝卜"的数量，发现个别孩子有拔错的现象，经过几次个别指导和练习，孩子准确点数的技能有所提高。 4. 在加入颜色识别和选择的要求后，大部分幼儿能够同时考虑两个取物条件，按照数量和颜色要求选取"萝卜"；有个别幼儿关注到了"萝卜"的数量，但是没有按照自己卡片上"萝卜"的颜色进行选择，还需要教师进一步引导。 5. 在"送萝卜"的情境中，幼儿体验到了与同伴分享食物的快乐。		
活动延伸			
教师可组织：四个小动物为了感谢"兔妈妈"和"兔宝宝"，将自己的食物送给"兔宝宝"一家分享；同时使幼儿巩固 4 以内点数的技能。			

(二) 活动形成说明与反思

华洋紫竹幼儿园　季佳音

1. 情境创设和游戏材料设计

《纲要》指出科学领域的目标之一"能从生活和游戏中感受事物的数量关系并体验到数学的重要和有趣"。我根据小班幼儿的年龄特点创设了"小兔子拔萝卜"的情境。幼儿通过"兔妈妈"和"小兔子"的角色,很快能以轻松愉快的情绪进入到数学游戏活动中。

为了更加符合幼儿的年龄特点,我创设了更加富有童趣,游戏性、操作性很强的游戏材料,让活动尽可能地贴近生活,使幼儿体验"拔萝卜"的动作。我共设计了四块"萝卜地",并且分开摆放,这样更加方便幼儿操作,不至于很拥挤。在出示"小货车"时,我有意识地将三辆"小货车"的大小差别做得较明显,便于幼儿观察和比较哪辆"小货车"装得多,哪辆"小货车"装得少。在分享环节我以图片出示小动物,简单的材料也起到了很大的效果,孩子们都将"萝卜"送给了自己喜欢的小动物,达到了活动目标,效果很好。

2. "按数取物"的两个关键点

两个关键点:一是注意听要求和短时记住要求的数量;二是手口一致地"按数取物"。

为了帮助幼儿手口一致地"按数取物",我先带领一名幼儿到前面示范,再请其他幼儿听老师的要求进行游戏,引导幼儿复述数量,加深短时记忆。而且,在"拔萝卜"的过程中,我提示幼儿一边拔一边用嘴数出来,为能够准确"按数取物"打下良好的基础。通过观察,大部分幼儿都能够准确地"按数取物",表现得都很好。

3. 三次"拔萝卜"的设计想法

三次"拔萝卜"运用了不同的方法,分别为以口述、拍手、点卡的方式唤起幼儿的兴趣。提出数量要求没有按照2、3、4的顺序进行,促使幼儿能够认真倾听老师所提出的要求。

4. 对幼儿的反馈和个别指导

在活动中我逐一检查了每个幼儿拔的"萝卜"和选的"萝卜"的数量,每次都询问孩子们拔了几根"萝卜",查看他们小筐里的"萝卜"数是否正确,如果正确就给以鼓励和称赞。发现个别幼儿有拔错的现象,在进行4以内的点数时,不能手口一致地点数,会多数或漏数。于是我再次让他从自己的小筐里取同样数目的"萝卜",并带着他一起进行点数,经过几次的指导和练习,幼儿巩固了 4 以内点数的技能。在多次"拔萝卜"的过程中,全体幼儿获得了点数的经验。

5. 增加了难度和挑战

在"选萝卜"的环节中,我加入了颜色的识别和数量的选择设计,把"按数取物"置于稍复杂一些的情境中,增强了游戏情境的生活性和变化性,也增加了活动的难度和挑战,由此增强活动的趣味性。通过观察,大部分幼儿能够同时考虑两个取物条件,按数量和颜色选取"萝卜"。有个别幼儿关注到了"萝卜"的数量,但是没有按照自己卡片上"萝卜"的颜色进行选择,还需要教师进一步引导。

6. 情感态度培养

在"送萝卜"的情境中,幼儿体验到了与同伴分享食物的快乐。同时,在"拔萝卜"和"送萝卜"的游戏中,他们自然而然地完成了"按数取物"的任务,调动了积极性。在活动中,教师为幼儿创设自由的活动空间,把抽象、枯燥的数学内容变成了有趣的游戏,让幼儿在轻松、愉快的环境中主动地探索学习。

7. 对如何设计和实施数学活动的总的想法

在设计和实施数学活动时,我们应注意以下几点:

(1) 活动符合幼儿的年龄特点,贴近幼儿的生活;

(2) 活动前要了解授课班的幼儿现有的发展水平;

(3) 活动目标要明确、具体、有依据;

(4) 活动要有物质上的准备,也要注重幼儿经验上的准备,准备的材料要操作性强;

(5) 在活动过程中以幼儿为主体;

(6) 在活动过程中教师的语言要严谨、精炼,紧紧围绕目标进行引导;

(7) 在活动过程中要关注个别幼儿的发展,要有分层指导;

(8) 数学活动是一个不断加深理解和练习的过程,在此次活动结束后,可以在日常生活和游戏中以多种方式让幼儿进行"按数取物"的活动,巩固本次活动成果。

8. 不足

(1) 在活动过程中教师语言的规范性还有待增强,如在"收萝卜"时,教师应提问:"你拔了几根萝卜?"而不是:"你是几根萝卜?"

(2) 游戏材料的摆放还需调整,如"萝卜地"摆放的有些"萝卜"不方便幼儿"拔萝卜",可以纵放,留出更多的空间。又如在分享环节,黑板应再往旁边移一些,避免幼儿在游戏时被绊倒。

（三）活动过程实录与分析

北京师范大学教育学部　陈红兵

华洋紫竹幼儿园　季佳音

环节一：创设二"按数拔萝卜"的游戏情境

孩子们听过"拔萝卜"的童话故事，对拔萝卜有几分熟悉感，但生活中真正拔过萝卜的孩子并不多，对"拔萝卜"的模拟游戏又怀着好奇心和新鲜感。把"按数取物"活动融入"拔萝卜"的游戏中，使小班幼儿进入了一个有趣的数的游戏世界，他们施展自己点数实物的本领，运用数解决准确取物的问题。

游戏情境分两段，首先是"拔萝卜"的情境，其次引出"按数拔萝卜"的游戏。总用时大约 1 分钟。

> **环节意图：**
>
> 幼儿观察情境，调动参与活动的兴趣，理解"按数取物"的任务。复习 4 以内点数和手口一致点数。

（一）"拔萝卜"的情境

老师站立在教室的前方，头上戴着醒目的兔耳朵头饰。孩子们围成半弧形，面向老师，坐在小凳子上。在孩子与老师之间摆放了用纸盒做成的四块"萝卜地"，上面插着一排排用纸板做成的"萝卜"，鲜绿的"萝卜"叶子露在外面，"萝卜"插在盒子里面（图 3-41）。

图 3-41　四块"萝卜地"

老师说："小朋友们,今天老师要和你做一个好玩的游戏,我是兔妈妈,你们是我的兔宝宝,快看看,这是我们小兔子家的萝卜地。这么多绿油油的叶子,美不美啊?"

幼儿一齐大声回应:"美!"

老师举起一个手指,吸引孩子的眼神,说:"那妈妈有个问题了,萝卜在哪儿啊?"

不少孩子指着前面的"萝卜地",有几个抢先回答:"在这儿。""在里面。"

老师夸赞道:"你们观察得真仔细! 那咱们一起来看一看咱们家的萝卜地,一共有几块? 一起数一数啊。"

老师高高地伸出手指,幼儿也伸出手指,数着地上的"萝卜地",口里一起喊着:"一,二,三,四。"

"有几块萝卜地?"老师请孩子们说出总数。

孩子们一起喊道:"四块。"还有几个孩子竖起四个小手指。看来他们对于点数 4 个以内的实物掌握得不错。

老师继续说:"你们太棒了! 可是,这么多的萝卜地,这么多的萝卜,让妈妈一个人拔啊,太辛苦了,谁愿意来帮妈妈拔萝卜?"

孩子们纷纷举起自己的小手,争着说"我","还有我","我也要"。孩子们都愿意帮"兔妈妈"分担,参与的热情很高。

老师拍着手说:"都愿意,妈妈太高兴了。"

(二)"按数拔萝卜"的游戏

"拔萝卜"不是随意的,而是有数量要求的。如何将数量要求转化为游戏情境和规则呢? 老师以运载"小货车"装不了太多"萝卜"作为理由,水到渠成地以孩子们能理解的方法引出了"拔萝卜"的数量要求。

要拔多少"萝卜"呢? 又用什么装呢? 老师向后举起右手,引导孩子们将目光转向身后的小黑板,并将一张"小货车"的彩色图片贴在了黑板上。老师说道:"这个小货车啊,装不了太多的萝卜,每个宝宝只能拔三根萝卜放在车里(老师举着三个手指),如果拔得太多,它就开不动啦!"(图 3-42。)

环节二:示范"按数拔萝卜"

首先幼儿需要记住拔的"萝卜"的数量,这是活动的重点之一。这对于小班幼儿来说有点难度,他们的短时记忆力和注意力还不强,容易被干扰,所以,老师

图 3-42　"小货车"装不了这么多"萝卜"

引导他们通过复述记住数量要求。

　　"按数拔萝卜"的另一个重点是一边拔一边数,即手口一致点数。这一过程符合幼儿思维以借助外显操作和直观表象为主的特点。小班幼儿的注意力不稳定,容易受到干扰,边拔边数可支持孩子们的思维。为了呈现"边拔边数"的过程,老师请一位小朋友到前面示范。用时大约 1 分 40 秒。

> **环节意图:**
> 　　幼儿在老师的引导下通过复述关注要拔的"萝卜"的数量要求,观察一个幼儿和老师一起示范如何"按数拔萝卜",了解要"一边拔一边数"。

　　前面说每个小兔子只能拔三根"萝卜",老师紧接着就问孩子们:"妈妈刚才说,拔几根萝卜啊?"孩子们纷纷举起三个手指大声回应:"三根!"后面老师也反复提醒孩子们关注和回忆要拔的"萝卜"的数量。

　　老师请一位小朋友到前面示范:"谁想上前面试一试?"老师请上来一个小女孩,老师和她一起蹲在"萝卜地"前面,面向其他孩子们,老师再次问道:"妈妈刚才说,拔几根萝卜啊?"幼儿们举起三个手指一起回答:"三根"。

　　老师说:"好,我们现在拔萝卜了,要一边拔一边数。"小女孩伸手拔起一根"萝卜",老师把她的手和拔出的"萝卜"举起来停留了一下,和孩子们一起数数,让孩子们都能看到,他们也跟着数(图 3-43、图 3-44)。

老师问:"我们拔了几根萝卜啊?"幼儿积极举起三个手指回答"三根"。"哦,三根萝卜,还能再拔吗?"老师接着问。幼儿都连连摇头:"不能!"老师说:"不能,再拔就多了,是不是啊?"至此完整示范了"按数拔萝卜"的过程,示范的小女孩回到座位上。

老师问道:"刚才小朋友拔了三根萝卜,她是一边拔一边怎么做的?"幼儿齐声说:"数。"老师说:"哎,一边拔一边数。拔一根数一下,快伸出你的小手(老师和孩子们同时举起一只手),坐在座位上,咱们试一试,拔三根萝卜。"

图3-43 示范按数拔三根"萝卜"、复述要拔的"萝卜"的数量要求

图3-44 孩子们试着一边拔一边数

环节三:幼儿"按数拔萝卜"

这一环节总用时约9分钟,老师安排孩子们拔了三次"萝卜",每次要求的数量都不同,老师先后用不同大小的"小货车"来引出,使游戏情节连贯,孩子们始终沉浸在游戏中。孩子们通过观察能辨别"小货车"的大小,也能理解"小货车"的大小与"拔萝卜"个数要求的关联。另外,老师还变换了提出数量要求的

具体方式,第一次直接说出,第二次用拍手次数表示,第三次用卡片上黑点的数目表示,增强了活动的趣味性。

在每次孩子"拔萝卜"之后,在"收萝卜"的游戏环节,主讲老师和辅助老师都耐心地逐一检查每一个孩子,确保了解每个孩子"按数拔萝卜"的情况,并且通过问答,鼓励孩子用语言表达,向老师说说自己拔了几根"萝卜"。有的孩子还在老师面前将自己拔的"萝卜"数一遍。每个孩子都得到了反馈和回应,这是至关重要的。

环节意图:

幼儿练习"按数拔萝卜","一边拔一边数",在老师"收萝卜"的过程中告诉老师自己拔的"萝卜"的个数。

(一)第一次"拔萝卜":拔三根"萝卜"

在示范之后,孩子们跃跃欲试,老师让孩子们拿出放在自己小椅子下面的小筐,再次说了一遍要求:"仔细听要求(孩子们赶紧坐正),一会儿请每个宝宝到前面萝卜地,拔三根萝卜(老师举起三个手指),一边拔一边数,我要听一听哪个兔宝宝是一边拔一边数的。"随后又问孩子们要拔几根萝卜,孩子们都能回答"三根"。老师说:"现在请起立,拔三根萝卜。"

所有孩子起立,提着小筐快步走到"萝卜地"跟前,围蹲着,开始"拔萝卜",多数孩子都能一边拔一边大声数着:一,二,三。

孩子们很快拔完了"萝卜",坐回小座位上,主讲老师和辅助老师开始从两端向中间查看每一个孩子的"萝卜"的数量,这既能保证与每个孩子交流和给予反馈,也能缩短检查、反馈时间,让孩子们有短暂的休息时间。他们一边看着自己拔的"萝卜",一边听老师和其他小朋友的对话,有些孩子之间还有短暂的交流。

老师与每个孩子交流的过程基本是这样,老师问:"你拔了几根?"幼儿回答:"我拔了三根。"老师鼓励道:"哦,你太棒了。"老师随手将"萝卜"放回自己的大筐里。有的幼儿会在老师面前再数一遍拔的"萝卜",确认数目。老师总是耐心等待并给予称赞。

孩子们第一次拔的"萝卜"的数量都是正确的,没有错误。老师表扬大家:"太棒了,你们都对了,这么能干。"(图3-45、图3-46。)

图 3-45　孩子们"拔萝卜"

图 3-46　老师检查每个孩子拔的"萝卜"数是否正确

（二）第二次"拔萝卜"：拔两根"萝卜"

"呜呜呜，又开来了一辆小货车（图 3-47），这辆小货车，你们看它比刚才的那辆小了一些，它装的萝卜还要少些。"老师在黑板上贴上另一张较小的"小货车"的图片。

老师没有直接告诉孩子们每人拔几根"萝卜"，而是换了一种方式："我拍手告诉你们拔几根萝卜，仔细听啊，看妈妈拍几下手？"老师拍了两下"啪、啪"。孩子们不齐地说"两下"。

老师听到有位孩子说一个，于是决定再拍一次："再听一听啊，这边小朋友没有听清（指向右边），仔细听一听。"师生一起数着一、二，老师问："那这一次我

图 3-47 第二辆"小货车"开来了,老师拍手告诉幼儿拨两根"萝卜"

们要拔几根萝卜?"

幼儿们齐声道:"两根萝卜。"

老师再次提醒孩子们一边拔一边数。孩子们纷纷走到"萝卜地"前面,一边数一边拔着"萝卜",拔完后就赶紧坐回小座位上。

主讲老师和辅助老师走到孩子们身边,一个一个询问、检查"萝卜"的数量,孩子们完成得都很好,老师给每个孩子表扬、鼓励:"好厉害""真棒""真能干""好"。

最后老师说:"兔宝宝太棒了! 你们的小耳朵最灵! 妈妈说拔两根就拔两根。"(图 3-48、图 3-49。)

图 3-48 孩子们蹲着"拔萝卜"

图 3-49 老师检查每个孩子拔的"萝卜"数是否正确

（三）第三次"拔萝卜"：拔四根"萝卜"

"这次啊，又开来一辆小货车，嘟嘟嘟嘟……"老师将第三张"小货车"（图 3-50）图片贴到黑板上，这辆"小货车"比前面两辆都大些。老师带着孩子们比较了"小货车"的大小，并指出这个最大的"小货车"比前面两辆能装得"萝卜"都多，接着问孩子们："那它要装多少根呢？"

图 3-50 出示第三辆"小货车"，老师还出示有四个黑点的卡片，孩子们点数

有的孩子举起四个手指大声回答道"四根"；还有的伸出五个手指说"五根"。这些孩子中有的已能点数 5 个以上的实物，对于数的大小已能初步理解。

老师拿起地上一张上面有四个小黑点的白色卡片，面向大家说："这张卡片上的黑点数告诉我们要拔的萝卜的个数,咱们一起来数一数,这张卡片上一共有多少个小黑点?"师生一起伸出手指数着小黑点:一,二,三,四。老师问:"那这一次我们要拔几根萝卜?"幼儿答道"四根"。老师再次提醒:"要一边拔一边数。我还要听一听谁是一边拔一边数的,拔四根萝卜。"

孩子们纷纷走到"萝卜地"前面拔起了"萝卜",还数着数,一、二、三、四的声音参差交错。拔完后孩子们陆续回到小座位上(图3-51)。

检查过程与前面相同,主讲老师和辅助老师走到每个孩子面前,蹲下来询问孩子们拔了几根"萝卜",有的孩子一个一个数出来,老师夸赞孩子,同时其他孩子互相交流着(图3-52)。

图3-51　孩子们蹲着"拔萝卜"

图3-52　老师检查每个孩子拔的"萝卜"数是否正确

环节四：按数送红"萝卜"或绿"萝卜"

在前一环节，孩子们"按数拔萝卜"任务完成得很好。接下来"拔萝卜"游戏发展为分享劳动成果，孩子们选择一定数量的"萝卜"送给自己喜欢的小动物。每个孩子得到一个卡片，上面画有一定数量的"萝卜"（两根、三根或四根），每个孩子都要先数清楚自己卡片中的"萝卜"数量，再按照卡片"取萝卜"。这次难度还在于要考虑"萝卜"的颜色，已拔的"萝卜"有红色和绿色两种，每张卡片上画的"萝卜"要么是红色，要么是绿色，孩子们在选择一定数量的"萝卜"时也要选择相应颜色的"萝卜"。总用时大约9分钟。

> **环节意图：**
> 幼儿需要考虑"萝卜"的数量和颜色两个方面，完成稍复杂的4以内的"按数取物"任务；同时体验分享劳动成果的快乐。

幼儿拔的"萝卜"被放到两个大筐里，摆在孩子们的前面。老师指着装萝卜的大筐说："太棒了！咱们收获了这么多萝卜，你们知道妈妈在想什么吗？"有几个孩子说不知道，大家疑惑地看着老师，老师接着说："这么多的萝卜，我想把它送给其他小动物吃。你们看看都有谁呢？"老师将黑板推到一边，露出后面桌子上摆放的四种小动物的可爱卡通图片，每个小动物前面都有一个筐（图3-53）。

图3-53　四种小动物的图片，以及"兔妈妈"拿着画着"萝卜"数的卡片

孩子们高兴地叫道：熊猫、小马、小羊、小牛。老师询问："你们愿意送给他们吃吗？"孩子们兴奋地齐声叫着："愿意。""让他们也尝尝咱们地里的萝卜甜不甜，好不好？"孩子们齐声应道："好！"孩子们对于分享表现出很强的意愿和很高的热情。

　　老师接着问:"要送给他们多少根萝卜?"老师拿出一沓小卡片,略带些神秘地说:"我把这个秘密画在了这些小卡片上了,妈妈把这个神秘的小卡片放在你的小筐里,你来看一看有几根萝卜。"随后给每个孩子的小筐里放入一张小卡片。孩子们迫不及待地数着:一,二……有的喊道:"我的是四根。"(图3-54。)

图3-54　孩子们在黑点卡片上画的"萝卜"

　　有的孩子发现自己卡片上"萝卜"的颜色与旁边小朋友的不同,于是老师拿起他们手里的卡片说:"看看啊,这两个小卡片啊,都是四根萝卜,你们发现它们有什么不一样吗?"孩子们纷纷说:绿色的、红色的,不一样。

　　老师只举起红"萝卜"的卡片问:"谁的卡片上是红萝卜?把你的卡片举起来让妈妈看看。"一些孩子举起卡片,"我的是","我的也是红萝卜",老师快速巡视了一遍,看到有的孩子没有举起红"萝卜"的卡片,询问他的卡片是什么颜色的"萝卜",提醒他也举起卡片。老师又举起绿"萝卜"的卡片问:"谁的卡片上是绿萝卜,举起卡片。"拿着绿"萝卜"卡片的孩子们纷纷举起手来,老师依次看一下,说:"好,真棒。"(图3-55。)

图3-55　关注"萝卜"颜色的不同

老师拿出四根红"萝卜"的卡片进一步解释道:"这位小朋友是要从筐里选四根红萝卜送给她喜欢的小动物。"然后换为出示四根绿萝卜的卡片说:"她是要选四根绿萝卜送给她喜欢的小动物。每个小朋友要带着你的小卡片,按照自己小卡片来选萝卜。"而且再次提醒:"我来听一听谁是一边选一边数的。"

孩子们围蹲在"萝卜"筐前(图 3-56),一边选一边数,选完之后坐回小座位上。

主讲老师和辅助老师依次检查每个孩子选的"萝卜",询问拔了几根,与孩子交流,多数孩子选择的颜色和数量是对的,老师发现有两个孩子选错了颜色,让他们看卡片上"萝卜"的颜色,然后马上拿出随身带的不同颜色的"萝卜"若干,让他们再选一次,说:"你从妈妈这些萝卜里拿出四根红萝卜,放在你的小筐里。"(图 3-57。)

图 3-56 孩子们蹲着"选萝卜"

图 3-57 老师检查每个孩子选的"萝卜"数和颜色是否正确

最后,老师对孩子说:"咱们马上就要送萝卜了,你想一想,你要把你的小萝卜送给哪一个小动物啊? 走到他面前的时候就可以送给他。"老师引导着孩子们依次走到小动物的筐前面,将"萝卜"放到不同的小动物的筐里。老师站在一旁,孩子们送完,还是难耐兴奋,告诉老师:"我送给小马了。""我送给熊猫了。"……(图3-58。)

图 3-58　孩子们把"萝卜"送给自己喜欢的动物

老师夸赞孩子:"你们太能干了,拔了那么多的萝卜,妈妈谢谢你们。你们还送给了一些小动物。小动物们和妈妈说了,要和你们做朋友呢,你们高兴不? "孩子们兴奋地蹦蹦跳跳:"高兴! "

活动结束了。

(四) 专家评议(陈红兵)

"(按数)拔萝卜"数学活动的目标是幼儿学习"按数取物",是在小班幼儿学习了点数4个以内的实物后,引导幼儿在游戏中运用点数技能按要求拿取一定数量的物品。此次教育活动的设计和实施,将数学活动目标与游戏有机整合,活动内容深植于游戏中,隐而不失,较好地达到了活动目标,其可取之处主要有以下几点。

1. 数学活动目标落实得比较到位,在游戏中隐而不失

幼儿数学教育活动的目标看似浅显、简单,但落实起来并不容易,在游戏化的过程中常常流失和落空。其重要原因是教师对活动目标的理解和分析浮于表面,不够确切和具体、细化,不能根据幼儿的思维方式和年龄特点进行具体分析。

在设计和实施本次活动中,教师对活动目标不断进行澄清和细化,明确了

"按数取物"思维和操作过程的基本要素：一是幼儿能专注倾听、理解和短时记住要求取物的数量；二是把"手口一致点数、说出总数"迁移转化为"边取物边手口一致点数和说出总数"。这一步非常重要，为整个教育活动的设计和有效实施奠定了基础，活动过程紧扣活动目标展开，活动目标与游戏有机融合，隐而不失。

比如，针对第一个要素，通过设计大小不同的"小货车"将"按数"要求转化为游戏规则，幼儿对此能够理解并感到有趣。在游戏中教师多次引导幼儿复述数量要求，加深短时记忆。针对第二个要素，教师先引导幼儿在点数萝卜的过程中复习手口一致点数，再将手口一致点数与"拔萝卜""选萝卜"结合，转化为"一边拔一边数"或"一边选一边数"的游戏操作规则，在示范时和幼儿操作前，反复提示这一操作规则，比如每次都说"兔妈妈竖起耳朵，听听兔宝宝是不是一边拔一边数"，这促使小班幼儿有效迁移手口一致点数技能，为"按数取物"的思维过程提供了必要支撑，排除了干扰，防止幼儿遗忘，保证了幼儿集中注意力，几乎所有幼儿都顺利完成了"按数取物"的任务。

2. 游戏情境生动连贯，使幼儿沉浸在游戏性体验中

游戏是通往幼儿心灵、与其有效交流的基本途径，只有使幼儿沉浸在游戏性体验中，幼儿才能理解教育内容，投入到活动中。

"拔萝卜"是孩子们听过的童话故事，对拔萝卜有几分熟悉感，但生活中真正拔过萝卜的孩子并不多，所以对"拔萝卜"的模拟游戏又怀着好奇和新鲜感。在此次活动中，教师戴兔子长耳朵的头饰扮演兔妈妈，幼儿扮演兔宝宝，加上栩栩如生的"萝卜地"，使孩子们仿佛身临其境。

教师将数学内容内隐于游戏情节和规则中，使游戏活动与数学活动内容有效契合，真正融合。落实"按数取物"的目标，关键在于"按数"两个字，为了将数量要求变成游戏规则，教师以"货车装不了太多萝卜"为由，先后开来三辆大小不同的"小货车"，分别提出不同数量萝卜的要求，水到渠成，以孩子们能理解的方法引出"拔萝卜"的数量要求，使幼儿在游戏情境中实现"按数取物"的目标。

在三次"拔萝卜"后，教师又设计了一个分享的游戏环节。这个游戏环节仍围绕"萝卜"的主题，又有所拓展，整合了社会情感的内容，在难度上也有递进。取物要求除了一定数量外，还加入了识别颜色的要求，使孩子们有机会学习在"按数取物"中同时考虑两个维度，对其自控能力、短时记忆、思维能力都有所促进。

3. 反馈互动充分而紧凑

检查反馈环节对于确保活动有效开展至关重要。在此次教育活动中,教师实施了检查反馈环节"收萝卜"。当幼儿完成"按数拔萝卜"的任务后,主讲老师和辅助老师分头查看每一个孩子筐里的"萝卜"数量,保证与每个孩子交流,询问他们拔了几根"萝卜",查看孩子们小筐里的"萝卜"个数。如果发现有的幼儿未按要求"拔萝卜"和"选萝卜"时,教师会与幼儿回忆要求,随后拿出随身带的"萝卜"图片若干,让幼儿从中再选一次,以确保幼儿可以正确选取。

反馈过程给了幼儿休息的时间,在教师与一个孩子对话时,其他孩子则一边看着自己拔的"萝卜",一边听老师和小朋友的对话,孩子之间时而也有短暂交流。整个环节进行得充分、有序、从容不迫,紧凑而不拖沓。

4. 关注多领域学习的融合

"按数取物"是本次数学活动的核心目标和内容,同时,活动还关联了社会、语言等领域的学习内容。例如,在引入"拔萝卜"的情境时,教师引导幼儿观察"萝卜地"、感受绿油油的"萝卜地"的美。再如,教师向孩子们表露为难的心情,自己一个人拔这么多"萝卜"很辛苦,询问谁愿意帮助"兔妈妈",这激发了孩子们为"兔妈妈"分担和参与的热情;当孩子们拔了许多"萝卜"之后,教师又设计了分享环节,"兔妈妈"提议给其他小动物朋友"送萝卜",让他们也品尝"小兔子"家美味的"萝卜",孩子们都踊跃响应和参与"选萝卜""送萝卜",当他们把自己选的"萝卜"放到自己心仪的小动物面前时,表现得非常开心。

在教育活动中有师生整体互动和个别交流,孩子们也有许多表达自己想法的机会,比如,在"拔萝卜"的过程中,不少孩子兴奋地、自发地告诉同伴、告诉老师自己拔了多少"萝卜","我拔的是三根萝卜"。

此次教育活动也存在不足和有待改善之处,反馈中教师对个别孩子的错误未及时察觉和纠正。教师的语言既要简洁、易懂和生活化,又要恰当、准确、规范。比如,在检查孩子拔的"萝卜"的数量时,教师随后问"你是几根萝卜",几乎所有孩子就对应地回答"我是三根萝卜";教师应该说"你拔了几根萝卜?"孩子才会回答"我拔了三根萝卜。"

附录:

以华洋紫竹幼儿园数学教育活动的设计过程为例,陈红兵副教授写了一篇有关教育活动设计的论文,阐述幼儿园教育活动设计的要旨与策略。文章见二维码,对于年轻教师的教育活动设计与思考富有启发意义。

《幼儿教育活动设计从粗到细的研磨——以一次小班数学活动为例》

音乐教育活动
（一）实录

六、音乐教育活动

活动（一）:《小老鼠来了》(音乐:音乐听辨游戏)

（一）活动设计

班级:小三班　　　执教教师:清友实验幼儿园　吴迪　　　配班教师:田甜、张向荣

活动名称	《小老鼠来了》(音乐:音乐听辨游戏)
设计依据	1. 在《指南》中艺术领域对小班幼儿提出了以下目标要求:"能跟随熟悉的音乐做身体动作。能用声音、动作、姿态模拟自然界的事物和生活情景。"同时,《指南》提出教育建议:"根据幼儿的生活经验,与幼儿共同确定艺术表达表现的主题,引导幼儿围绕主题展开想象,进行艺术表现。"本活动对小班艺术教育活动的指导建议是"通过对比,使幼儿分辨音乐中明显的高低、快慢、强弱、节拍等。" 2. 3~4岁幼儿已有通过自由韵律表达自己感受的经验及对小老鼠动作、形态的基本认知,创设小老鼠活动的情境,能够激发幼儿的兴趣,使他们初步感知对比鲜明的声音的快慢。 3. 关联社会领域、语言领域、健康领域的学习。在《小老鼠来了》情境中渗透了同伴交往、分享的意识,也渗透了使用自己的语言表达的学习;通过动作创编,练习身体动作的协调性。 4. 与"动物园里真热闹"主题活动相联系。
活动目标	1. 能初步听辨出音乐的进行音与延音,并用动作表现音乐的变化。 2. 体验与同伴、老师一起参加音乐游戏的快乐。
活动重点 (可选项)	能够听辨音乐的进行音与延音,并用动作表现音乐的变化。
活动难点	1. 听辨音乐的进行音与延音。 2. 在较开放的活动中,幼儿用动作自由表现小老鼠的各种形象。
经验准备 (可选项)	幼儿已有律动进场经验,会用小碎步表现小老鼠跑步的动作。
环境和 材料	1. 音乐CD《快乐的森林》《小老鼠来了》。 2. 动物图片PPT:小老鼠。 3. 小老鼠挂饰29个。

活动过程			
步骤	教师指导	幼儿活动	活动意图
一、情境导入	教师用歌曲《快乐的森林》带幼儿入场。 教师提问：小朋友们，我们刚才一起来到了快乐的森林里面，在《快乐的森林》音乐里你们听到了都有谁？	幼儿律动游戏入场；集体回答在《快乐的森林》音乐里听到了谁。	唤起孩子的兴趣。
二、完整欣赏音乐，引出活动主题	教师提问：今天有一个新朋友想和我们一起做游戏，你们先来听一听，猜一猜谁来了？（小老鼠。） 教师出示小老鼠图片：刚才在音乐里你们觉得小老鼠在做什么？（跑步、偷吃东西。）	幼儿听音乐，个别幼儿回答问题。	鼓励、支持幼儿大胆猜想与表达。
三、教师用故事引导幼儿感受音乐的变化	教师讲故事：在一个仓库里，住着鼠妈妈和小老鼠们，它们每天都要到外面找食物，跑一跑，就停下来找一找好吃的东西，再跑一跑，再停下来找一找好喝的东西。它们怕吵醒正在睡觉的老猫，所以它们等找到了好吃的食物就悄悄地、快快地把好吃的东西吃掉，当听到老猫的叫声时，就赶紧跟着鼠妈妈一起跑回家里。	幼儿听故事。	用故事帮助幼儿整体感受音乐作品的情境和情节变化。
四、分段欣赏音乐，听辨音乐的进行音与延音	1. 欣赏第一段音乐 教师说：小朋友们，现在我们听一听这段音乐，请大家想一想当听到什么音乐时小老鼠在跑一跑？当听到什么音乐时小老鼠在吃东西？	幼儿聆听音乐；个别幼儿尝试根据音乐变化分别做出"找食物"或"小老鼠吃东西"的动作，其他幼儿观察和模仿。	引导幼儿关注乐曲的突出变化，并想象乐曲表现的内容，做出相应的动作。

	活动过程		
步骤	教师指导	幼儿活动	活动意图
四、分段欣赏音乐,听辨音乐的进行音与延音	小朋友们,小老鼠跑步和找食物的时候是什么样子的? 我们一起来学一学。(鼓励幼儿在延音处创编动作。) 2. 欣赏第二段音乐 教师提问:那我们再来听一听这段音乐,你觉得听到这段音乐,小老鼠在干什么? 小老鼠吃东西时候的样子是什么样? 我们一起来学一学。		
五、幼儿与教师听音乐做游戏	1. 创设游戏情境 教师说:小朋友们,你们愿意和小老鼠们一起去找食物吗? 那请小朋友们把小老鼠的挂饰轻轻地挂在脖子上。 我们要一边听音乐一边学小老鼠做动作。在这段音乐(教师哼唱小老鼠跑步的音乐部分)时,小老鼠在做什么? 你想做什么动作? 在这段(教师哼唱找东西的音乐部分)时,小老鼠在做什么? 你想做什么动作? 在这段(教师哼唱小老鼠吃东西的音乐部分)时,小老鼠在做什么? 你想做什么动作? 现在跟着妈妈一起去找食物吧。 2. 变化活动要求 教师说:这次我们出去找食物的时候要轻轻地,小老鼠们要随着音乐做跑一跑、找东西和吃东西的动作。可不能被老猫发现了,如果我们听到了老猫的叫声,要怎样做呢?	幼儿回答问题,创编自己的动作;跟随音乐进行表达与表现。	引导幼儿根据三个乐段做出自己喜欢的动作。

续表

活动过程			
步骤	教师指导	幼儿活动	活动意图
六、结束活动	教师说:我们都吃得饱饱的了,你们跟着妈妈一起出去找点好喝的东西吧!(幼儿跟随教师有序离场。)	全体参与。	随音乐律动退场。
活动评价	1. 观察幼儿在活动中的参与情况:幼儿是否能跟随教师边听音乐边做动作,表情是否兴奋、愉悦等。 2. 观察幼儿能否跟随音乐做出与乐曲一致的动作。 3. 通过对比,看幼儿是否能够大胆地表现。		
活动延伸			
在日常活动的过渡环节可以适当重复这一游戏活动,鼓励幼儿用之前没有做过的动作来表现,一方面巩固幼儿的音乐感受和表现,另一方面调动幼儿的积极情绪。			

(二)活动形成说明

清友实验幼儿园　吴迪

【活动意图】

　　小班艺术教育要使幼儿对生活中的各种声音感兴趣,初步感知对比鲜明的声音的强弱、高低及快慢,尝试以自由韵律参与欣赏或用语言、表情、动作表达自己的感受,从中获得愉快、丰富的体验。3~4岁幼儿已有以自由韵律表达自己感受的经验及对小老鼠动作、形态的基本认知。创设小老鼠活动的情境,能够激发幼儿的兴趣,使他们初步感知对比鲜明的声音的快慢。因此,我们确定了如下活动目标:(1)能初步听辨出音乐的进行音与延音,并用动作表现音乐的变化;(2)体验与同伴、老师一起参加音乐游戏的快乐。

(三)活动过程实录

清友实验幼儿园　吴迪

一、情境导入

教师用歌曲《快乐的森林》带幼儿入场。

教师提问:"小朋友们,我们一起来到了快乐的森林里面,在森林里你们听到了都有谁？"

唤起孩子的兴趣，营造一种宽松、有趣的氛围。幼儿能够跟随音乐的节奏和歌词的内容做身体律动入场，根据歌曲中的内容回答在森林里都听到了哪些小动物的叫声，有"小鸟""小青蛙"。

二、完整欣赏音乐，引出活动主题

教师提问："今天有一个新朋友想和我们一起做游戏，你们先来听一听，猜一猜谁来了？"

幼儿回答狮子、老虎、小兔子、小猴子等等。他们把自己能猜想到的小动物都说了出来。

教师引出主题："原来是小老鼠来了，她要和我们一起做游戏。"

幼儿表现得很高兴："原来是小老鼠来了。"

教师出示老鼠图片："刚才你们觉得在音乐里小老鼠在做什么？"

幼儿大胆猜想："跑步""跳舞""偷东西吃"……

三、教师用故事引导幼儿感受音乐的变化

教师讲故事："在一个仓库里，住着鼠妈妈和小老鼠们，它们每天都要到外面找食物，跑一跑，就停下来找一找好吃的东西，再跑一跑，再停下来找一找好喝的东西。它们怕吵醒正在睡觉的老猫，所以它们等找到了好吃的食物，就悄悄地、快快地吃掉，当听到老猫的叫声时，就赶紧跟着鼠妈妈一起跑回家里。"

小老鼠在音乐中跑一跑后，停下来找吃的；当听到老猫的声音后，赶紧跑回家。

四、分段欣赏音乐，听辨音乐的进行音与延音

1. 欣赏第一段音乐

教师："小朋友们，现在我们听一听这段音乐，请大家想一想当听到什么音乐时小老鼠在跑一跑？当听到什么音乐时小老鼠在吃东西？"鼓励幼儿在延音处创编动作。

幼儿模仿出小老鼠各种跑步和找好吃的食物的动作，因为教师在前期活动铺垫中渗透了一些关于小老鼠的生活习性、动作特点等内容，所以在创编动作中幼儿才能够调动经验。

2. 欣赏第二段音乐

教师提问："那我们再来听一听这段音乐，你觉得听到这段音乐，小老鼠在

干什么？"

幼儿："好像在偷东西,好像在快快地把东西藏起来,也好像在吃东西。"

教师："小老鼠吃东西的时候是什么样的？我们一起来学一学。"

大部分幼儿通过欣赏音乐来初步听辨音乐的进行音和延音,能够大胆地用肢体动作表现出小老鼠跑步、找东西、吃东西的动作,有很好的音乐节奏听辨能力。

五、幼儿与教师听音乐做游戏

教师提问："小朋友们,你们愿意和小老鼠们一起去找食物吗？那请小朋友们把小老鼠的挂饰轻轻地挂在脖子上。我们要一边听音乐一边学小老鼠做动作。当听到(教师哼唱小老鼠跑步的音乐部分)这个地方时,小老鼠在做什么？当听到(教师哼唱找东西音乐部分)这个地方时,小老鼠在做什么？当听到(教师哼唱小老鼠吃东西的部分)这个地方时,小老鼠在做什么？"

教师说："你们都准备好了吗？跟着妈妈一起去找食物吧。"

幼儿跟着教师随音乐的变化做动作。

教师："这次我们出去找食物的时候要轻轻地,小老鼠们要随着音乐做跑一跑、找东西和吃东西的动作。可不能被老猫发现了,如果我们听到了老猫的叫声,要怎样做呢？"

教师提示幼儿变化动作,在场地中四散游戏,不要太过密集。

在游戏过程中,幼儿跟随教师听音乐做游戏,表现得很轻松、愉快,在教师动作的引导下变化小老鼠找食物、跑步、吃东西的不同动作。当听到猫出现的叫声时,幼儿有所慌乱。

第一次游戏结束后,教师进行了引导,让幼儿知道小老鼠最害怕猫,当猫出现时要怎样才能够不被猫发现和抓到。

幼儿大胆回答："蹲下,不能出声音,也不可以动。"……

在之后的游戏中,幼儿听到猫的叫声时不再慌乱了,用刚才想到的办法来应对。游戏进行得热火朝天,幼儿兴趣极高。

六、结束活动

教师："我们都吃得饱饱的了,你们跟着妈妈一起出去找点好喝的东西吧！"幼儿跟随教师有序离场(随音乐律动退场)。

（四）专家评议（易进）

这是一次音乐听辨活动，要求幼儿能够根据音乐节奏的变化变换动作。教师考虑到小班幼儿的特点，预先设计了一个主题。活动的设计和实施与《小老鼠来了》这首乐曲的节奏变化特点很吻合。教师将整个活动置于一个想象的情境中：小老鼠们跟着鼠妈妈在外找吃的，找到了就啃啃啃、吃吃吃，听到老猫的声音要蹲下、不出声。正是因为活动的情境性很强，因此绝大多数幼儿都非常投入地参与其中，能够专注于活动，和教师一起做出与乐曲节奏变相应的动作。在"老猫"第一次发出叫声时，部分幼儿表现得有些慌乱，这表明幼儿真正沉浸在游戏中。后来，经过教师提示，幼儿在随后的活动中听到老猫叫时能控制自己，立即安静地蹲下。这里也反映出，音乐听辨和表演活动可以使幼儿的自我控制能力得到锻炼和发展。

在活动过程中，教师有动作示范，为孩子们跟随音乐变换动作提供范例，同时鼓励孩子们在符合音乐节奏的前提下，根据想象情境自己做找东西和吃东西的动作，这使幼儿的活动有一定的灵活性和自主性。

通过一定的主题和情境引导幼儿感受乐曲的特点及其变化，这样的活动设计对于达成音乐教育的目标有积极意义。当然，如果要充分发挥艺术教育对幼儿感受力、想象力的培养作用，那么同样的素材则可能需要做其他角度的考虑。

这次活动所选取的乐曲本身并不明确以小老鼠为主题。因此，我们不妨做一点大胆的设想。如果不是由教师来确定主题，而是直接让孩子们听听乐曲，感受其中音乐的进行音和延音，自由地想象乐曲可能描绘谁在做什么，然后再随着音乐自由做动作，也就是将"活动设计"的第二个环节展开，也许我们会看到更有趣的活动进程。当孩子们有足够的时间来聆听、感受、尝试做动作时，或许会有更多的孩子真正能够跟随音乐来做动作，而不是简单地模仿教师来做动作。孩子们可能会在音乐感受和表达方面有更具体和更个性化的经验。教师可以作为和幼儿一样的感受者，将自己感受到的乐曲变化通过动作表现出来，为个别感受和表现能力较弱的幼儿提供示范和指导。在此基础上，教师可以引导幼儿在由乐曲展开的情境中，继续想象人物和故事，从而衍生出一系列的故事创编和表演活动。

音乐教育活动
(二)实录

活动(二):《小乌龟爬山》(音乐:音乐游戏)

(一) 活动设计

班级:小一班　　执教教师:清友实验幼儿园　尹华

活动名称	《小乌龟爬山》(音乐:音乐游戏)		
设计依据	在《指南》中艺术领域对小班幼儿提出了以下目标要求:"能跟随熟悉的音乐做身体动作。能用声音、动作、姿态模拟自然界的事物和生活情景。"本活动对应小班艺术教育活动的指导建议是"引导幼儿跟随音乐的节奏、结构、轻重、强弱等变化变换自己的动作"。		
活动目标	1. 幼儿在律动游戏中感知、体验歌词内容,感知音乐中的上行和下行变化。 2. 幼儿愿意随音乐做简单的律动,感受与同伴一起做游戏的快乐。		
活动重点 (可选项)	能跟随音乐变化在游戏中表现音乐的上行和下行变化。		
活动难点	幼儿跟随音乐一拍一动做出乌龟向上爬的动作,感受音乐的稳定拍。		
经验准备 (可选项)	1. 自然角:养殖各种小乌龟,带领孩子们多观察、多说。 2. 美工区:提供小乌龟的涂色、粘贴、橡皮泥等半成品。 3. 在日常活动中收集与小乌龟有关的故事、图片,了解乌龟的生活环境。		
环境和 材料	材料准备:音乐光盘《小乌龟爬山》、录音机、小乌龟手偶一只。 环境准备:班级的活动场地。		
活动过程			
步骤	教师指导	幼儿活动	活动意图
一、感知和熟悉歌曲	播放歌曲《小乌龟爬山》,运用手偶在图画上进行音乐情境表演。 引导幼儿回忆歌曲中谁背着重重的壳,爬到哪了,发生了什么事情。	幼儿跟着哼唱;回答问题。	唤起孩子参与游戏的兴趣,理解并熟悉歌词内容。
二、做手指律动游戏	示范用手指做小乌龟,身体做小山,跟音乐玩从脚尖到头顶进行爬的律动游戏。 提问:"把小手做小乌龟,身体当高高的大山,小乌龟从大山什么地方开始爬?" "我们一起听着音乐爬山吧!" "小乌龟是怎么爬的?"(引导幼儿结合动作理解一步一步往上爬。)	全体幼儿活动,在自己身上进行游戏。	利用小手在身体上进行爬上爬下的游戏,初步体验音乐上行与下行的区别。

续表

		活动过程		
步骤	教师指导		幼儿活动	活动意图
三、幼儿自选场景玩《小乌龟爬山》音乐游戏	"刚才我们和身体做了游戏,现在我们把小椅子当作大山爬一爬吧。" "想想教室里还有什么东西可以当作大山?" "刚才小朋友们说得特别好,那现在小乌龟一起去爬山吧!"		幼儿选择不同的位置与场地游戏,小朋友相互模仿。	鼓励幼儿借助身边的事物做大山;激发幼儿做游戏的兴趣。
四、幼儿合作游戏	引导幼儿和同伴合作玩爬山的游戏。 "刚才小朋友和教室里的许多东西进行了游戏,你们想不想和小朋友一起玩爬山的游戏?" 两位教师进行角色示范。"我们分别扮演了什么?可以变成什么样的高山?" 请幼儿两个人一组进行游戏,一人做高山,一人做小乌龟,"小乌龟"在"高山"上爬行。提示幼儿注意一拍一动。		幼儿先商量谁做山,谁做小乌龟,然后合作游戏。	引导幼儿协商角色分工,合作完成游戏,在角色游戏中体验乐趣,尝试变化高山的造型。
五、结束游戏	幼儿扮成小乌龟跟随音乐《小乌龟爬山》的节奏做手指游戏、离场。 "咱们再玩一个小乌龟的游戏吧。"		幼儿跟随音乐的节奏开心游戏。	自然离场。
活动评价	1. 幼儿是否能跟随音乐的节奏进行上行与下行的活动,其中包括手指游戏、肢体游戏、在物体上游戏、与同伴游戏。 2. 幼儿是否能做到一拍一动地上行爬山。 3. 在创编游戏与合作游戏方面,幼儿是否基本能够完成,包括平时不爱说话、不喜欢律动的幼儿。 4. 幼儿在活动中的表情、声音、动作是否表明他们在开心、投入地玩游戏。			
	活动延伸			
	1. 区域活动: 表演区:提供相应的音乐、头饰、服装材料,让幼儿玩小乌龟爬山的游戏。			

续表

活动延伸
美工区:教师提供半成品,鼓励幼儿进行美工绘画与制作活动。 阅读区:提供与小乌龟有关的故事书。 2. 主题活动:了解与观察小乌龟爱吃的食物、生活的环境。 3. 科学活动:"各种各样的小乌龟"。 4. 音乐活动:不同年龄组的《小乌龟爬山》活动可以有所变化。例如,在小班初期,不过分引导一拍一动地往上爬,同伴游戏中不用分辨角色,小朋友互相在对方身上爬一爬。在小班末期,可以要求幼儿跟随音乐体验一拍一动地爬的乐趣,在角色游戏中可以引导幼儿分别扮演小乌龟与高山。

(二) 活动形成说明

清友实验幼儿园　尹华

【活动意图】

幼儿对形象、鲜明而有特点的节奏具有浓厚的兴趣,教师应提供形象、鲜明的音乐作品,引导幼儿从中获得美的感受,初步理解音乐内容与情感,尝试以自由律动方式欣赏音乐,或用语言、表情、动作表达自己的感受。

有一位小朋友从家里带来了一只可爱的小乌龟,大家总是喜欢不断地观察小乌龟爬行、吃东西的样子,所以教师依照幼儿的兴趣设计出一节《小乌龟爬山》的音乐游戏活动,让幼儿感受音乐的上行与下行,进行多种肢体律动来表现小乌龟的可爱。

《小乌龟爬山》这首歌曲歌词有趣,小班幼儿易理解、易表现,易于形象地表现出小乌龟爬上山与滚下山的趣味场景。本活动通过小乌龟爬山与下山的情境,具体、生动地表现音乐的上行与下行,紧紧贴近幼儿的生活,这些情境与动作易为他们理解与掌握。

这首歌曲的游戏性、趣味性很强,容易用肢体动作来表现,在游戏过程中教师应有效地运用多种环境开展互动游戏,主要体现在三个方面:与身边的环境互动,与自己的身体互动,与同伴互动;要使游戏的层次分明,增强幼儿参与的积极性,让他们的情绪一直保持愉快的状态。

这个音乐游戏还可关联科学领域、语言领域、健康领域的学习。在爬山的情境中通过语言表达爬山的不同位置,同时也给幼儿提供锻炼小肌肉与大肌肉的机会。

（三）活动过程实录

清友实验幼儿园　尹华

一、手偶情境表演

播放歌曲，教师运用手偶进行音乐情境表演，引导幼儿了解、熟悉歌曲。

教师："谁来了？"

幼儿："小乌龟。"

教师："今天小乌龟要爬过好几座高山，去看望奶奶。"

教师："歌曲里是谁背着重重的壳？"

幼儿："小乌龟。"（幼儿每说一句，教师都会清唱一句。）

教师："它是怎样爬山的？"

幼儿："它是一步一步爬的。"

教师："后来爬到哪了？"

幼儿："爬到山顶了。"

教师："后来发生了什么事情？"

幼儿："咕噜咕噜地滚下来。"（教师再次用完整的语言进行描述。）

幼儿表现：孩子们当时听音乐时非常专注，时不时地摇头晃脑，边听音乐边拍手，还有的自己创编动作。从孩子们的表现来看，他们是非常喜欢这首音乐的。

二、做手指律动游戏

教师观察孩子们对歌词基本上有了一定的熟悉以后，进入下一个环节手指律动游戏。

教师："现在把我们的小手当作小乌龟，身体可以当作什么？"

幼儿："大山。"

教师："对，高高的大山，小乌龟可以从我们身体的哪儿开始爬呀？"

幼儿："从脚尖。"（孩子们兴奋地回答。）

教师："我们一起听着音乐爬山吧！"

幼儿表现：教师在观察中发现幼儿有时对音乐不太关注，有时会出现速度过急过快的现象，教师及时引导幼儿边听音乐边做游戏。

三、扩展游戏场景

为了让活动充满趣味，教师"请出"身边非常熟悉的小椅子，引导幼儿了解，原来椅子也可以当高山做游戏。教师和孩子们一起用小手在各自的小椅子上进行爬山的游戏。

教师:"刚才我们是用椅子做高山,现在想想教室里还有什么东西可以当作高山?"

"桌子。"(幼儿兴奋地指了指桌子。)

教师:"好! 你来试试。"(于是教师哼唱着音乐旋律,幼儿非常投入地做着上行与下行的动作。)

幼儿:"我想在柜子上玩。"(教师积极鼓励个别幼儿大胆尝试,其他小朋友观看。)

"我想用镜子做高山。"(这样的提议让全班幼儿非常吃惊,纷纷看着他做爬山游戏。)

教师:"现在我们一起找一找你们喜欢的高山吧! "(幼儿自主选择自己喜欢的高山。)

幼儿表现:小朋友们分别选择了椅子、桌子、柜子、钢琴,有的还选择了玩具柜上的立体方块玩具。教师对于他们的每一种选择都认可,游戏前强调一定要仔细听音乐和音乐的间奏部分,并引导幼儿换不同的位置尝试,观察部分幼儿在做小乌龟爬山游戏时一步一步有节奏地向上爬。

四、幼儿合作游戏

进入合作游戏环节,两位教师示范,幼儿两个人一组游戏,一人做小乌龟,一人做高山。

教师:"高山是什么样子? "(引导幼儿用肢体表现出来。)

幼儿:"我是狮子山。"

幼儿:"我是大高山。"

幼儿表现:全班的幼儿都有自己的创意,有的是双手伸高,有的双手叉腰,有的像一个小猴的样子,有的把双手伸直。

教师:"小朋友说得特别好,那现在我们一起去爬山吧! "

幼儿选择自己喜欢的角色,与同伴合作游戏,教师与幼儿共同游戏。

五、结束游戏

教师:奶奶家马上就要到了,咱们再玩一个小乌龟的游戏吧。(播放音乐《小乌龟爬山》。)

（四）专家评议（易进）

活动设计的出发点来自孩子的日常生活经验，教师根据孩子们对小乌龟的关注选取了《小乌龟爬山》这首歌曲来组织音乐游戏活动。

教师以夸张而有趣的示范引导幼儿关注音乐的上行和下行特点，孩子们很受感染，在随后的听音乐做动作游戏中都很投入。教师充分利用教室空间，引导孩子们用不同的物品来做"高山"，使得"爬山"的具体场景不断变换，幼儿不会厌烦。教师在活动中设置合作性任务，请同组孩子分别扮演高山和小乌龟，跟随音乐做爬山游戏。小伙伴之间合作有利于锻炼合作技能。场景有所变换，任务要求从个人独立完成到合作完成，具有一定的挑战性，这使看似简单的音乐律动游戏变得丰富起来，孩子们的活动热情很高，孩子们既感受和再现了歌曲的特点，又获得了积极的情感体验。

这次音乐游戏活动最突出的特点是内容丰富，形式多样，尤其关注了"乐于与同伴一起娱乐、表演、创作"这一幼儿园艺术领域教育目标。选用的歌曲本身比较简单，按照歌词和乐曲变化做出相应的动作并不难。如果不考虑幼儿活动的趣味性和发展性，可以用比较短的时间让幼儿跟随歌曲做出相应的动作。但这位教师没有停留于此，而是充分利用现有的资源，扩展游戏场景，调动幼儿参与活动的积极性，使幼儿在兴奋而愉悦的情绪中，以多种方式再现音乐上行和下行的特点。尤其是在合作游戏的环节中，同组的孩子需要进行角色分工，然后再一起配合着听歌曲做动作。

幼儿园音乐教育活动，如学习歌曲或舞蹈、音乐律动、听辨游戏等，比较容易被处理得过于简单化，过于关注结果，关注让幼儿学会唱、学会跳、能跟随音乐做动作或其他反应，忽略幼儿对音乐的感受和体验过程以及他们在活动中的情感表达。例如，在歌曲学习活动中，为了让幼儿更快和更准确地学会唱歌，有些教师会花很多时间和精力指导幼儿理解、记忆歌词，忽略引导幼儿对音乐旋律及其感情色彩进行感受和体验，以致歌曲学习活动更像是一种认知活动，失去了艺术的美感。

要想使幼儿园音乐教育活动体现艺术领域的目标，首先要创设宽松而有趣的学习氛围，重在引导幼儿感知、体验，使他们基于自己的经验，以自己喜欢的方式尝试表达和再现音乐；其次以示范和语言激励等方式，指导幼儿利用身边的多种资源，如家具、常用物品、自己的身体等，以多种不同的媒介形式表达对音乐的理解，再现音乐内容；最后，尽量结合幼儿的日常生活经验或近期活动主题选择音乐教育活动的主题和素材，引导幼儿体会音乐教育活动与其他领域教育活动的联系。

美术教育活动
(一)实录

七、美术教育活动

活动(一):变色龙捉迷藏(美术:情境装饰游戏)

(一) 活动设计

班级:小一班   执教教师:水碓北里幼儿园   孟亚

活动名称	变色龙捉迷藏(美术:情境装饰游戏)
设计依据	1. 在《指南》中艺术领域"表现与创造"部分对小班幼儿提出的目标要求之一是"能用简单的线条和色彩大体画出自己想画的人或事物",同时在"感受与欣赏"部分提出建议,"让幼儿观察常见动植物以及其他物体,引导幼儿用自己的语言、动作等描述它们美的方面,如颜色、形状、形态等"。 2. 本班 3~4 岁幼儿已有对一些动物的认知经验,设计"与变色龙游戏"的大情境,认识变色龙的特点,可以丰富幼儿运用颜色、图案、线条等进行装饰的经验。
活动目标	1. 通过"变色龙捉迷藏"的游戏,发现颜色变化的有趣。 2. 在游戏情境中,自主选择环境背景,尝试用相应颜色、图案、线条等进行装饰。 3. 通过"变色龙捉迷藏"的游戏,体验藏藏找找美术游戏活动所带来的乐趣。
活动重点	通过"变色龙捉迷藏"的游戏,观察变色龙变色的特点,发现颜色变化的有趣,喜欢进行装饰活动。
活动难点	选择自己喜欢的动物和工具进行装饰活动。根据环境背景,用相应的颜色、图案、线条等装饰变色龙或其他动物。
经验准备	在本次活动前幼儿有用颜色、线条进行绘画活动的经验,会使用一些简单的绘画工具,喜欢观察小动物,如蚂蚁、蜜蜂等。
环境和材料	1. PPT 绘本图片,变色龙图片一张,透明变色龙卡片一张。 2. 变色龙藏身环境 4 个(蘑菇房子、苹果树、立体蜗牛、玩具柜),藏身的变色龙图片 4 个(配合 4 个藏身环境使用)。 3. 水粉颜料,水粉笔,水彩笔,油画棒;胶棒、多色图形、彩色变色龙若干;白色变色龙及其他小动物形状的卡纸若干。 4. 可拆分背景图 3 个(幼儿最后操作藏身的背景图)。

续表

活动过程			
步骤	教师指导	幼儿活动	活动意图
一、激发兴趣:"猜想游戏"与"互动游戏"	1. 出示变色龙图片,进行猜想游戏。 师:你们看它是谁? 它是变色龙。它为什么叫变色龙呢? 2. 教师出示透明变色龙卡片,与幼儿进行游戏互动。 师:变色龙跑到你的身上(跑到你的腿上……)后发生什么变化了? 变色龙会变色,好神奇。	幼儿参与,积极猜想、回答。 幼儿与透明的变色龙进行互动游戏,发现变化。	引导幼儿围绕变色龙的名字进行猜想,激发幼儿参与活动的兴趣。 在游戏中,激发幼儿"想看,喜欢看",从而初步感知变色龙变色的神奇。
二、感知探索:变色龙变色的奥秘	1. 在故事情境中引导幼儿发现变色龙随环境变色的特点。 师:仔细看图片,找一找变色龙在哪里,它变色了吗? 它哪里变了? 为什么? (变成南瓜的黄色、青蛙的绿色等。) 师:变色龙爬到哪里就变成哪里的颜色。它这样做有什么好处? 这样可以保护自己,不被别人发现。变色龙这么神奇、可爱,我们应该怎样保护它呢? 2. 游戏:"变色龙在哪里?" (1) 引导幼儿根据颜色及花纹找出藏在活动室中的变色龙图片。 师:它真神奇,变色龙就在我们身边呢,找一找它藏在哪? 仔细看看它是怎么变的? (2) 引导幼儿分享自己的发现。 师:说一说你是在哪里发现的? 变色龙身上有什么? 为什么它要这样变? 师:让我们猜猜你这只变色龙是在哪里发现的。为什么你觉得	1. 仔细观察画面,找一找图片中的变色龙,发现变色龙随环境变色的特点。 积极动脑,思考:变色龙为什么会变色? 我们应该怎样做? (保护动物。) 2. 喜欢参与寻找变色龙的游戏,通过观察进一步发现变色龙的变化与环境的关系。找到藏身的变色龙的幼儿说一说自己是在哪里找到变色龙的,它有什么特点,身上像什么。	通过多种方法引导幼儿观察变色龙变色的特点,知道变色的作用是要保护自己,我们也要保护它,为之后的"捉迷藏"游戏做铺垫。 根据小班幼儿的年龄特点,在活动中设计游戏内容,以动静结合的方式,关注幼儿发现变色龙随环境变色的特点,引导幼儿分享自己的发现:找到藏起来的变色龙,并说明它的位置和它为什么要变成这样。

	活动过程		
步骤	教师指导	幼儿活动	活动意图
二、感知探索：变色龙变色的奥秘	这只变色龙是藏在这个地方？它身上有什么？那个地方有什么？ 　　小结：变色龙不仅能把颜色变到身上，还能把图案、花纹变到自己身上。		
三、创作活动：我为变色龙穿藏身衣	出示故事场景背景图。 　　师：你喜欢背景图中哪个地方？为什么？这个地方是什么样的？ 　　师：变色龙与它的动物朋友要和小朋友在这里玩捉迷藏的游戏。 　　来选一只你喜欢的动物朋友。看一看你想把它藏在哪儿。仔细看看那个地方的颜色、图案、花纹是什么样的，看看怎么藏才最不容易被发现。 　　师：想好后，可以选择自己喜欢的彩笔进行装饰活动。	仔细观察背景的特点，说一说自己喜欢背景图的哪个地方，有什么特点。 自主选择动物卡纸和藏身地点，尝试根据所选背景，用颜色、图案、线条等进行有目的的装饰。	引导幼儿自主选择变色龙藏身的地方，仔细观察环境的特点，说出特点，并根据特点为变色龙或小动物变身。在创设背景图时，设计难度不一的图样，满足不同能力水平幼儿的发展需要。
四、分享展示："捉迷藏"	引导幼儿把自己装饰的变色龙藏在相应的背景中，鼓励幼儿分享自己的创作想法。 　　师：你的变色龙藏到哪里了？ 　　师：找一找，你发现了谁的变色龙？为什么一眼就找到了？你们觉得谁的最难找？为什么？	幼儿围绕环境的特点，大胆表达自己的创作想法，在游戏中体验快乐。	通过相互观察、比较，使幼儿再次巩固根据环境背景进行装饰的方法，丰富幼儿的装饰技巧。
活动评价	1. 活动中侧重观察幼儿对活动内容是否感兴趣，是否积极参与活动。 　　2. 重点观察幼儿能否在装饰活动中表现出对"变色龙随环境变色"的理解和认识；在猜想变色龙名字由来、观看绘本图片的过程中，能否说出变色龙和环境颜色有关；在寻找游戏后的交流中能否说到变色龙的颜色、图案、花纹都会随环境变化；幼儿的变色龙装饰作品是否与环境色彩图案一致。 　　3. 在幼儿进行装饰活动的过程中，重点关注其如何感受和再现色彩、图案等。例如，幼儿是否有意识地进行装饰活动，他们倾向于选择简单的还是复杂的背景图或小动物，选用哪种笔和哪些颜色进行装饰，谁的小动物更容易被找到，等等。			

活动延伸
为使幼儿的兴趣得以延续,活动之后将丰富的背景图和动物形状卡纸投放至美工区,幼儿可以继续进行装饰活动。可以增加粘贴等艺术表现形式。 　　在图书区提供有关动物保护、动物特点的书籍,以丰富幼儿对动物的认识;增加变色龙和变色龙好朋友的故事背景及手偶,鼓励幼儿进行故事表演,提高其表达能力。 　　还可以在体育活动中增加一些藏藏找找的运动游戏,满足幼儿喜欢玩的年龄特点。

(二) 活动形成说明

水碓北里幼儿园　　孟亚

【活动意图】

这个教育活动关联语言领域、科学领域、社会领域的学习。

孩子们喜欢小动物,喜欢和小动物一起游戏。但有些小动物在日常生活中很难接触到,也不可能一起游戏。变色龙就是其中之一,因其体形小,长得像小恐龙,又有自己的特点,很适合被设计到活动中,让幼儿获得与它一起游戏的满足感。

引导孩子们通过了解变色龙变色的特点,延伸到藏身来保护自己,知道动物和人一样都有保护自己的本领,懂得要保护小动物。

(三) 活动过程实录

水碓北里幼儿园　　孟亚

一、活动准备

1. 材料准备:(1) PPT 绘本图片,变色龙图片一张,透明变色龙卡片一张。(2) 变色龙藏身环境 4 个(蘑菇房子、苹果树、立体蜗牛、玩具柜),藏身的变色龙图片 4 个(配合 4 个藏身环境使用)。(3) 水粉颜料,水粉笔,油画棒,水彩笔;胶棒、多色图形、彩色变色龙若干;白色变色龙及其他小动物形状的卡纸若干;(4) 可拆分背景图 3 个(幼儿最后操作藏身的背景图),背景图中有斑马、大树、房子、太阳、云朵、草地等内容。

2. 经验准备:幼儿有用颜色、图形、线条进行绘画活动的经验。

(1) 将四个变色龙藏身处藏于幼儿活动区,分散摆放材料:蘑菇房子、苹果树、立体蜗牛、玩具柜,有易有难,适合不同水平的幼儿寻找(图 3–59)。

图 3-59　活动全景图

（2）准备可拆分背景图 3 个，上面有不同的颜色、图案、线条等；幼儿可以自己选择喜欢的藏身地点（图 3-60）。

图 3-60　活动分景图

二、活动过程

(一)激发兴趣,初步感知变色龙会变色

1. 教师出示透明变色龙图片(图 3-61),引导幼儿围绕变色龙的名字进行猜想。

图 3-61　透明变色龙

师:"你们看它是谁? 它长得像一条小恐龙,有个能变颜色的本领,它是谁啊? "

师:"有人认识它,它叫变色龙。它为什么叫变色龙呢?"

2. 创设"变色龙与小朋友做游戏"的情境,激发幼儿参与活动,观察变色龙在身上时的颜色,发现它变色了。

师:"这只变色龙跑到你身上了,我们看它有什么变化? 变成什么颜色了?"

幼儿盯住变色龙,看它是不是变色了;都想试一试,看到自己身上会不会变色。

师:"它真的变色了,好神奇,你们想不想看,它到底长什么样呢?"(用透明变色龙操作,可以随环境变色,变到哪就是什么颜色,比较形象。)

(二) 感知探索,观察变色龙变色的特点,为"捉迷藏"游戏做铺垫

1. 在图片中认识变色龙,寻找变色龙,发现变色龙随环境变色的特点。

师:"我们仔细看看,这就是变色龙,长得像恐龙,平时是绿颜色的,但是它能够变颜色。我们一起来看看它是怎么变颜色的,它会和我们玩捉迷藏的游戏,快来找找它藏哪里了,它变颜色了吗? 为什么变成这个颜色?

幼儿认真寻找投影图片中的变色龙藏在哪里,说说自己的发现。

幼1:"啊,在那里。"

幼2:"我看到了,是橙色的变色龙。"

幼3:"它变成南瓜的颜色了。"

师:"它藏在南瓜地里,就变成南瓜的橙色。再看看变色龙又藏哪里去了?"

幼1:"我发现了,在荷叶上呢。"

幼2:"它变成青蛙了。"

师:"变成了什么颜色? 和谁一样的颜色?"

幼1:"是绿色。"

幼2:"它变成和荷叶一样的绿色。"

师:"它又藏在荷叶那里了,在青蛙旁边,变成了和荷叶、青蛙一样的绿色。"

师:"那考考小朋友,变色龙藏到黄色的落叶上,会变什么颜色? 藏到红色的落叶上呢?"

师:"真的是这样吗? 你们猜对了吗? 好棒。真的是在黄叶子上变黄色,在红叶子上变红色。"

师小结提问:"变色龙是怎么变颜色的? 你发现了吗?"

幼1:"是跑到哪里就变哪里的颜色。"

幼2:"变成和它藏的那个地方一样的颜色。"

师:"变色龙爬到哪,就变成哪里的颜色。那它这样做有什么用呢? 为什么要这样变颜色呢?"

孩子有些不太清楚,你看看我,我看看你。

突然一个小朋友说:"不被别人发现。"

师:"要不被别人发现,就要怎么样呢? 这个本领可以保护自己,使自己不被别人发现,不被坏人、敌人发现。"

2. 游戏:"变色龙在哪里?"

(1) 引导幼儿仔细观察环境,根据颜色及花纹找出藏在活动室中的变色龙图片。

师:"它真神奇,变色龙就在我们身边呢。找找它藏在哪儿。仔细看看它是怎么变的。"

幼儿跟随音乐一起在活动室里寻找藏身的变色龙,跟教师说一说自己的发现,并将找到的变色龙带到前面与伙伴分享(图 3-62)。

图 3-62　幼儿分享自己的变色龙

(2) 幼儿集体分享自己的发现。

师:"这是小朋友找到的变色龙,谁来说一说:你是在哪发现的? 变色龙身上有什么? 为什么它要这样变?"

幼:"这是我先发现的变色龙,是黄颜色的,上面有黑色的三角形。"

师:"为什么要这样变呢? 和谁一样?"

幼:"和这个房子一样。"

师:"都是什么样子的? 一起说一说。"

师："这个是谁发现的？"

幼儿纷纷说:我找到的。/我也找到的这只。/算是他们和我们一起找到的。

师："这只变色龙是在哪里发现的？它身上有什么？那个地方有什么？"

幼儿慢慢知道这几只变色龙的变色特点和变色的特别之处,身上除了有颜色,还有花纹。

幼："在树上发现的,它身上是绿色的,和树一样的颜色,而且还有红点点,树上也有。"

师小结："变色龙不仅能把颜色变到身上,还能把图案、花纹变到自己身上。"(图 3-63。)

图 3-63　变色龙变了图案、花纹

(三) 初步表现,出示背景图,引导幼儿观察,尝试大胆装饰动物

1. 出示背景图,引导幼儿仔细观察环境的特点,鼓励幼儿说一说自己喜欢的地方的特点。

师："这个地方你喜欢吗？看一看图上有什么？你喜欢图中哪个地方？仔细观察一下。"

幼儿对背景图上的图案非常感兴趣,教师刚一出示,就开始互相讨论上了。"

幼 1："是太阳,红色的太阳。"

幼 2："还有斑马呢。斑马是一条黑一条白的。"

幼 3："那里有棵树呢。"

师:"小朋友说一说这个地方有什么。"(有幼儿上来,教师帮助他仔细观察画面。图 3-64。)

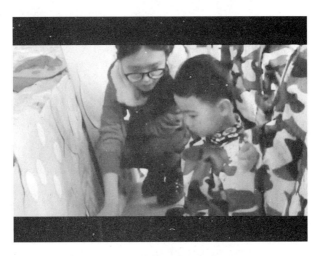

图 3-64　教师帮助幼儿观察画面

2. 幼儿选择喜欢的地点和方式,根据环境特点为变色龙装饰。

师:"变色龙想要和小朋友在这里玩捉迷藏的游戏。这个游戏怎么玩呢? 听清楚规则再行动。"

师:"请选择一个你喜欢的藏身地点,仔细看看这个地方是什么样子的。比如我喜欢这里,这个地方是蓝色的,上面有白点点,那我一会儿选择绘画组,就按照这个样子给变色龙变色,然后藏在这里,就不容易被发现了。明白了吗? "

师:"一会儿你可以上来,看看你想把变色龙藏在哪。和我说一说也可以。仔细想好怎么藏才不容易被发现,想好以后就可以去给变色龙变色了。"

幼儿已经迫不及待地要去找一找藏在什么地方了,纷纷上来。有些幼儿要和教师说一说自己的想法。

幼:"我想把它藏在斑马那。"

师:"那是什么样的啊? "

幼:"是一条黑一条白的。"

师:"那你想怎么把变色龙变成这样呢? 去选择东西试一试。"

幼儿自选材料,进行装饰变色龙的活动(图 3-65);幼儿分组进行活动,在活动中教师根据幼儿的表现和需要给予帮助,并在活动中提示幼儿看一看自己所

图 3-65　幼儿装饰变色龙

选地方的样子,这样能增强幼儿的记忆力,帮助他们表达。教师根据幼儿的情况陆续结束装饰活动,引导动作快的幼儿与教师或同伴分享自己的变色龙或找一找别人的变色龙等,进行下面的点评活动(图 3-66 至图 3-68)。

　　水彩笔组:用于涂色,表现背景图中的几种颜色。

　　粘贴组:用于表现背景中出现的一些孩子不好画出的图案和线条。

　　油彩组:可绘制背景图案的蜡笔和可涂抹背景图底色的水粉。对于能力较强的幼儿,可以帮助他们尝试油彩分离,但在此次活动中没有幼儿进行这种尝试。

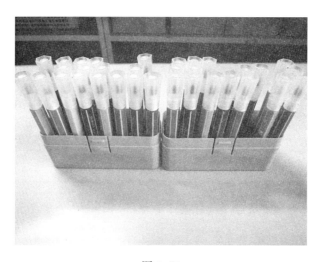

图 3-66

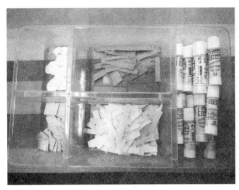

图 3-67

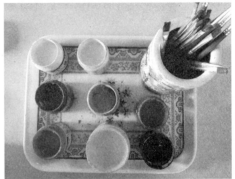

图 3-68

（四）鼓励幼儿分享展示，大胆展示和介绍自己的作品（图 3-69）

图 3-69　孩子的作品

　　引导幼儿把自己装饰的变色龙藏在相应的背景中,鼓励幼儿分享自己的创作想法。

　　师:"看一看你的变色龙藏到哪里了,说一说你的变色龙什么样子。"

　　师:"这只变色龙是哪个小朋友藏的? 他选择藏在了斑马上,看看斑马的特点,再看看他的变色龙,的确很像。藏得比较成功。"

　　师:"这个小朋友的变色龙是用什么材料做的? "

　　幼:"用胶粘的。"

　　师:"他粘得怎么样? 一起看看这个地方,这个云彩什么样? "

　　幼:"是蓝色的,有白条条。"

　　师:"看看他的变色龙是不是这样的呢? "

　　幼:"是,也有白条条。"

　　师:"看一看,有的变色龙一眼就会被发现,为什么? "

　　师:"这个变色龙是黄色的,他一定是想藏在方形中,可是这个方形太小,是藏不住的,所以我们要换个地方藏。藏哪? "

　　幼:"藏在黄色的图上。"

　　师:"我们可以根据自己的装饰情况选择更适合的地方,可以藏在黄色的板子上。"

　　师:"小朋友一会儿可以再找找别人的变色龙,也可以把自己的变色龙再画一画,或者还想再画的小朋友也可以再去试一试。"

　　通过相互观察、比较、总结,教师再次巩固幼儿根据环境背景进行装饰的方法,丰富幼儿的装饰技巧。

　　三、活动反思

　　1. 通过情境游戏的方式,教师提供较丰富的物质材料辅助游戏活动的进行;幼儿在活动中能够积极、专注地随教师进行活动,多数幼儿基本达到目标。

　　2. 通过对幼儿作品的分析可知,本班近 90% 的幼儿能理解变色龙随环境变色的特点,能有意识地进行装饰活动。大部分幼儿能根据自己所选的环境对小动物进行装饰。一些幼儿能在此基础上,进行较细致的装饰活动。

　　3. 关注到幼儿的个体差异。背景图的图样难度不一,满足不同能力水平幼儿的活动需要。在活动中幼儿自主选择小动物,自主选择喜欢的背景图案,运用自己喜欢的笔去装饰。在展示评价环节,多数幼儿能在轻松的氛围里评价自己的作品。

（四）专家评议（易进）

此次教育活动选取变色龙为中心事物，引导孩子们感受变色龙随环境变色的特点。此次教育活动的设计，是非常用心的。

例如：教师出示的透明变色龙卡片，能够帮助幼儿清楚地感受到变色龙体表图案的变化；寻找变色龙的游戏，能够比较快速地带领孩子们进入情境，激发起孩子们的活动热情。

让孩子们设想自己想让变色龙藏在什么地方，然后再根据自己所选的场景在白色变色龙卡片上涂色和画图案，这个设计非常有趣。让孩子们自己去选择场景并根据场景进行设计，有一定的挑战性，可以激发孩子们的活动欲望，需要孩子们用想象力参与，需要进行对场景及效果规划。这样的活动，情境性和自主性强，又能够考虑到不同孩子在美术感知和创作方面的能力差异。

此次活动的材料准备也充分体现了教师对孩子们个性化创作和表现的重视。不同的绘画材料和手工材料，为孩子们进行个性化的表现创造了条件。

概括地讲，从此次教育活动中，我们能够总结出关于美术教育活动的优秀经验。

首先，要相信幼儿天生具有艺术感受和表现的冲动与能力，在适宜的情境中，即使是小班的幼儿也可以基于感知进行图案和色彩的设计、创造和表现。单看活动设计，一些教师可能会觉得活动过程有些复杂，对幼儿运用美术材料进行表达和创作有较高要求，担心这样的活动在幼儿园小班能否顺利完成。就活动实际开展的情形看，即便是在小班第一学期，在对活动情境和活动材料的投放有精心准备的情况下，幼儿完全能够积极投入到活动中，按照游戏活动设计进行美术活动。个别幼儿选择的场景图案略显复杂，在绘制变色龙图案时会因表现不出来而略显焦虑，经由教师巡回指导、给以帮助，最终也完成了自己的作品，获得了成就感。

其次，好的教育活动需要激发幼儿活动的热情，使幼儿保持一种积极投入和愉悦的情绪状态。这次活动选取的变色龙题材具有多种变化的可能，又可以与孩子们熟悉的生活环境联系起来；在活动中孩子们可以为变色龙选择自己喜欢的背景，这使孩子们可以控制自己的感知和创作过程，因而能有效地调动孩子们活动的自主性。

最后，根据幼儿的发展特点设计和准备活动资源。例如，透明变色龙卡片、事先布置在教室里与某一处教室背景相似的变色龙图片，还有适合不同发展水平幼儿使用的绘画工具和材料等。这些资源以及对资源有计划地适时投放、呈现、组织,为活动顺利开展和取得很好的成效提供了保障。当然,从活动过程可以看出,幼儿之前已有对多种类型美术材料的运用经验,这反映出该幼儿园日常美术教育活动的成效。

美术教育活动
(二)实录

活动(二):梅花开了(美术:手指点画)

(一) 活动设计

班级:豆豆一班　　　执教教师:亚运村第一幼儿园　吴影　　　配班教师:高娜

活动名称	梅花开了(美术:手指点画)		
设计依据	1. 3~4 岁艺术领域的教育内容有:创设自由、积极的氛围,提供易于掌握、色彩鲜艳的美术工具和材料,支持、鼓励幼儿参加美术活动的愿望,使幼儿在活动中感到快乐和满足。 2. 手指点画就是运用手指蘸上颜料印出不同的图案的一种形式,其操作简单,效果明显,这种形式比较适合小班幼儿的年龄水平。这个活动能让幼儿初步感受用手指点画的乐趣,能使幼儿对美工活动产生浓厚的兴趣。 3. 关联科学领域、社会领域、语言领域、健康领域的学习。观察梅花的形态,有助于幼儿仔细观察感兴趣的事物,发现其明显特征。在点画梅花的情境中,幼儿练习手指精细动作,并可培养与同伴交往、分享及讲卫生的习惯。 4. 与"快乐过冬天"主题活动相联系。		
活动目标	1. 尝试用手指点画梅花,体验点画活动的乐趣。 2. 养成保持画面整洁、干净的良好习惯。		
活动难点	注意花儿的形状、疏密。		
经验准备 (可选项)	1. 幼儿尝试过手指点画。 2. 幼儿有过观察身边植物的经验。 3. 幼儿初步接触过美术活动常规要求。		
环境和 材料	红、黄、粉色 3 种颜料,调色盘每桌一个,抹布每桌一张;大班幼儿用吹画的方法制作的梅花树树干人手一份;梅花 PPT;轻音乐。		
活动过程			
步骤	教师指导	幼儿活动	活动意图
一、提问 导入	1. 小朋友,冬天到了,你们知道冬天的花园里有花儿开放吗? 2. 老师发现了一个漂亮的花园,里面有很好看的花。老师用相机拍了下来,请小朋友看一看。	幼儿观察图片。	唤起幼儿的观察兴趣。

续表

活动过程			
步骤	教师指导	幼儿活动	活动意图
二、引导幼儿初步感知梅花	1. 你们知道这是什么花吗？（梅花。） 2. 看看还有什么颜色的梅花？ 3. 画家们把漂亮的梅花画了下来,我们一起欣赏一下画家们是怎样画梅花的。画家们画了什么颜色的梅花？	幼儿回答问题,自由讲述观察感受。	认识梅花,发现梅花颜色的不同。
三、引导幼儿观察梅花花朵形态	1. 这朵花是什么样子的？（出示盛开的梅花图。）还有什么样子的梅花呢？（出示梅花的花苞图、侧面图。） 2. 这朵花有几瓣？花蕊在中间,花瓣围绕着花蕊在跳圆圈舞。	幼儿观察梅花,在教师的引导下说出画家们笔下的梅花有多种形态:有的完全开放,有五个花瓣;有的是侧面,有的是花苞;有的一朵花有两种颜色……	观察梅花的不同形态。
四、幼儿尝试点画梅花	"瞧,老师带来了画着不同树干的图画纸,这都是大班的哥哥、姐姐们用吹画的方法制作出来的。今天小朋友们要用自己的小手指让梅花盛开。" 重点提示:蘸色要适当,把梅花点画在树枝上。注意先从上端树梢点,再点下边的。小心别把颜料弄到衣袖上,手指上的颜料不要往身上抹,保持画面干净。 （给幼儿时间大胆尝试。）	幼儿自己操作点画。	让幼儿体会点画的乐趣,并能大胆创作。
五、幼儿交流展示作品	每个小朋友都用自己的小手指点画了美丽的梅花,谁想来介绍一下自己的作品？（鼓励幼儿大胆展示自己的作品,说清楚用什么颜色画的什么样的梅花。）	幼儿介绍作品。	引导幼儿发现自己和小朋友作品中的美,增强参与美术活动的自信心。

续表

活动评价	活动中注意观察如下几点： 1. 幼儿是否能独自用手指点画。 2. 在点画过程中幼儿的卫生习惯如何。 3. 幼儿能否使用不同颜色进行点画,画面是否内容丰富,有层次。 4. 幼儿画出了多少种形态的梅花。
活动延伸	
1. 作品可用来装饰教室,设计梅花花园。 2. 引导幼儿在美术活动区继续进行创作。	

(二)活动形成说明

亚运村第一幼儿园　吴影

【活动意图】

梅花凭着耐寒的特性,成为代表冬季的花。梅花花瓣娇小玲珑,色彩缤纷。一片梅花林仿佛是一个人间仙境。如此娇艳的花朵在人们的印象中仿佛只有在春天万物复苏、百花齐放时才会有的景象,竟然会有一种花可以忍受住凛冽的寒风为人们绽放,为世界增添如此美丽的一景。每个孩子都喜欢漂亮的花朵,应该让孩子们感受到,冬天不止只有一种颜色,它也可以是五彩缤纷的。

画梅花可以用很多种方法,而最适合小班幼儿的方法就是手指点画了。手指点画就是运用手指蘸上颜料印出不同图案的一种形式,其操作简单,效果显著,我希望这个活动能让幼儿初步感受用手指点画的乐趣,使幼儿对美术活动产生浓厚的兴趣。

(三)活动过程实录

亚运村第一幼儿园　吴影

一、提问导入

师:"现在是什么季节呢? 冬天的大树小草变成什么样子了? 那花园里还有花吗?"

通过提问,帮助幼儿回忆冬季植物的样子,让幼儿感受冬季的特征。教师设计情境,告诉幼儿自己发现了一个花园,里面盛开了美丽的花,并拍下了照片,请幼儿观看。

二、初步感知梅花

展示梅花的照片，引导幼儿看雪后的梅花、晴天花园里的梅花，感受不同颜色的梅花（图3-70）。接着请幼儿欣赏画家用水墨画表现的梅花。

图3-70　感受不同颜色的梅花

三、观察梅花花朵形态

借助画家笔下的梅花，引导幼儿观察梅花花朵的形态。有的幼儿在看图时观察到梅花的花朵是由5瓣花瓣围成的；在教师的引导下，有的幼儿还观察到了没有开的梅花，知道了这是梅花的花苞。

接着教师通过图片，让幼儿感受不同颜色的梅花可以同时出现在同一幅画中；以及花朵在树枝上开放的可能位置（图3-71）。

图3-71　感受不同形态及不同位置的梅花

四、幼儿尝试点画梅花

出示大班幼儿用吹画的方法制作的梅花树树干（图3-72），请小朋友们用自

图 3-72　梅花树树干

己的小手指让梅花盛开。

　　教师提出点画要求:蘸色要适当,把梅花点画在树枝上。小心别把颜料弄到衣袖上。如果需要换颜料,用小桌布擦干净手指上的颜料,再换一种。保持画面干净。

　　在幼儿点画(图 3-73)过程中,教师引导幼儿点画出不同形态的梅花的样子。其中教师用了一些趣味性强的语言来激发幼儿进行创作。例如:"让小花瓣跳一个圆圈舞。""一棵树上也可以开放五颜六色的花朵哦!""你点的花瓣一片一片的,就像在下花瓣雨。"

图 3-73　幼儿点画

五、幼儿交流展示作品

在幼儿陆续完成作品后,教师将幼儿的作品进行展示(图 3-74)。幼儿去洗手,然后回到座位上进行分享。先回到座位上的小朋友在教师的引导下欣赏大家的作品。孩子们都回到座位上后,教师鼓励幼儿自己介绍作品:你用了什么颜色? 画了什么样子的梅花? 最后自然结束活动。

图 3-74　幼儿作品展示

六、活动反思

在活动过程中教师能够围绕重点、难点对幼儿进行指导。教师先是通过引导幼儿欣赏不同样子梅花的图片,让幼儿对梅花的外形有了一个大概的印象。然后通过提问,引导幼儿重点观察梅花的样子,帮助幼儿分析、了解梅花的形态,有开放的,还有含苞待放的,对梅花千姿百态的样子的观察,为幼儿的创作打下了基础。最后进行作品展示,教师为孩子们提供了一个大胆表达与表现的机会,鼓励幼儿介绍自己的作品,同时也引导幼儿发现别的小朋友作品的与众不同,潜移默化地增强幼儿的自信,让幼儿获得成功的满足感,同时体验到点画活动所带来的乐趣。

(四) 专家评议(易进、郭华)

这项教育活动目标明确,环节清楚。主要是引导孩子们大胆尝试用自己的手指点画,并在画的过程中注意个人卫生。

时值冬日,选取符合时令的梅花为活动主题,很好地关联了幼儿的日常生活经验,使得这次教育活动不仅仅是一个初步的艺术创作和审美活动,而且还是与幼儿的语言发展、社会性发展密切关联的活动。

教师首先利用多媒体出示梅花的照片及画作,引导孩子们感受梅花的多种形态、色彩,丰富孩子们关于梅花的心理表象。在孩子们建立了丰富表象的基础上,教师引导孩子们用手指点画。这样的设计超越了美术技能学习的水平,引导孩子们整体感知、欣赏、想象,将手指点画作为一种有想象、感知、思维共同参与的整体活动,非常有价值。

教师的材料准备也颇具教育意义。教师提供给孩子们点画的,并不是白纸,而是中班的哥哥、姐姐们吹画的树干作品。这个设计有多重意义。首先,由于是吹画作品,因此每张图的梅花树树干各不相同,各具特点。孩子们可以直观地体验到艺术创作的多样性和个性化,并且要根据不同的树干去点画梅花,不用在点画的时候去瞧其他小朋友是怎么画的,也不用去模拟点画"标准"的梅花。这便帮助孩子们顺利进入个性化的创作情境。其次,中班的哥哥、姐姐们吹画的树干,让孩子们能体验到与中班的哥哥、姐姐们无形的联系与合作,这是非常好的社会交往渗透。

在活动中,孩子们都能安静地投入点画过程。虽然活动室里没有很兴奋和活跃的气氛,但是每个孩子都很专注地在尝试创作,有些孩子大胆地尝试着在不同的位置,以不同的形态,选不同的色彩点画一朵朵梅花。这种专注与探索性的尝试反映出幼儿具有积极的内在动机。从作品看,无论是色彩、形态、构图都有各自的特点。点画之后,教师将孩子们的画作在活动室里展出,请孩子们互相欣赏,还邀请几位小朋友站在自己的画作前简单介绍自己的作品。这样的分享和语言交流环节丰富了活动内容,也使一项简单的活动具有多方面的教育意义。

总体来说,这次活动时间不长,任务简单、明了,为孩子们补充了一定的认识经验,同时给孩子们一定的自主创作空间,这对小班第一学期的幼儿来说是一次有益的尝试。在幼儿园里,应该有一些类似的看似安静实则需要动手动脑的活动,使幼儿能静下心来专注地观察、感受、思考,并创作美好的事物。

后 记

　　这本书是历经两年研究的成果。从 2014 年 12 月到 2016 年 12 月,我们历经开题、调研、研制课程内容框架、磨课、研制教育活动设计模板、再磨课、撰写教育活动案例、修改和完善课程内容框架、设计模板、修改教育活动案例的过程。在这个过程中,大学研究人员与项目幼儿园的教师们不仅共同研究,颇有研究上的进益,也建立了深厚的友谊,日益加深相互之间的了解。

　　在项目研究过程中,朝阳区教研中心杨碧君主任、幼教中心许美琳主任以及黄蓓老师、张丽萱老师都给予课题充分的支持与关注,多次听取课题的进展情况并给出具体的改进意见,黄蓓老师还多次与我们到幼儿园调研、磨课,令人感动。在书稿写作过程中,杨碧君主任、许美琳主任也提供了建设性建议,多次参与书稿的讨论。在此一并感谢。

　　尤其还要特别感谢项目幼儿园的各位教师,没有他们的积极投入和反复的磨课、讨论,我们的项目就不可能这么顺利,也不可能取得这样有价值的成果。这些教师分别是:

　　劲松第二幼儿园园长李国霞、保教主任张慧芬、教师刘蕊和宋莹;

　　水碓北里幼儿园园长刘晓琴、保教主任吴燕、教师孟亚;

清友实验幼儿园园长贾玉玲、主任胡雪莲、教师尹华和吴迪；

西坝河第一幼儿园园长王岩、执行园长程绍丽、科研主管裘伟、教师张丽红；

三里屯幼儿园园长颜磊、保教主任何斌、教师肖梦然；

康泉新城幼儿园园长李敬、教科研主任张芳、教师任亚楠和孙昌文；

华洋紫竹幼儿园园长刘红梅、保教主任王婧、科研主任王效琦、教师季佳音；

亚运村第一幼儿园园长潘旭、副园长陈静、保教主任李敬懿、教师吴影；等等。在此特别感谢！

这本书是集体研究的共同成果，北京师范大学的郭华教授、高潇怡教授、陈红兵副教授、易进副教授、杜霞副教授，长春师范学院的讲师马凯以及研究生姚慧玥、魏秋艳等都为课题研究做出了杰出的贡献。各章节撰写分工如下：前言、第一章，郭华；第二章、第三章（郭华、杜霞、高潇怡、陈红兵、易进、马凯、姚慧玥）。在第三章中各教育活动案例的作者如正文所示，在此不再赘述。全书由郭华统稿。

项目组负责人：郭华

郑重声明

高等教育出版社依法对本书享有专有出版权。任何未经许可的复制、销售行为均违反《中华人民共和国著作权法》，其行为人将承担相应的民事责任和行政责任；构成犯罪的，将被依法追究刑事责任。为了维护市场秩序，保护读者的合法权益，避免读者误用盗版书造成不良后果，我社将配合行政执法部门和司法机关对违法犯罪的单位和个人进行严厉打击。社会各界人士如发现上述侵权行为，希望及时举报，本社将奖励举报有功人员。

反盗版举报电话　　（010）58581999　58582371　58582488
反盗版举报传真　　（010）82086060
反盗版举报邮箱　　dd@hep.com.cn
通信地址　北京市西城区德外大街4号
　　　　　高等教育出版社法律事务与版权管理部
邮政编码　100120